Monika Herbst

Glücksorte
in & um
Braunschweig

Fahr hin & werd glücklich

Dieses
Glücksbuch
ist für

Liebe Glücksuchende,

das Schöne am Glück ist, dass man es finden kann. Man kann trainieren, glücklich zu sein, indem man bewusst die schönen Dinge im Leben wahrnimmt – und die entsprechenden Orte aufsucht. Mich macht es zum Beispiel glücklich, durch einen der vielen Braunschweiger Parks zu joggen, in einem liebevoll betriebenen Café wie dem Makery eine selbst gemachte Limo zu trinken oder im Vorbeigehen am Finanzamt das filigrane Flugdach aus den 1950er-Jahren zu bewundern.

Manche Glücksorte erlebt man eher passiv, andere aktiv. Während der Recherche habe ich auch viele Dinge aktiv ausprobiert, die mir zunächst fremd waren: ein Bild malen, eine Keramikvase mit Siebdruck verzieren oder mit unbekannten Menschen spontan auf einer kleinen Bühne Improtheater-Spiele ausprobieren. Sich auf Neues einzulassen und sich damit selbst ein Stück herauszufordern – auch das macht glücklich. Ein bisschen Herzklopfen gehört dazu.

In diesem Sinne ist dieses Buch eine Einladung zu 80 verschiedenen Orten in und um Braunschweig, an denen man Glück finden kann. Das Buch soll auch inspirieren, die Augen offen zu halten für die kleinen Glücksmomente, die sich unerwartet an der nächsten Ecke auftun – und darauf warten, von uns wahrgenommen zu werden.

Herzlichst, Ihre Monika Herbst

Deine Glücksorte ...

... noch mehr Glück für dich

Hochwertig & fair

1 Das Geschäft Heimatrausch

Wenn es das Heimatrausch nicht gäbe, müsste man es erfinden. Das dachte sich Inhaberin Brigitte Quast auch. Und legte los. In der Region gerösteter Kaffee aus hochwertigen und nachhaltig angebauten Bohnen, Schokolade aus fair gehandeltem Kakao aus Urwaldgärten und Honig oder handgefertigte Bonbons aus Braunschweig – die Produkte, die sie seit 2011 in ihrem Laden anbietet, wählt die Inhaberin sehr bewusst aus. Ihr ist wichtig, dass sie nicht nur hochwertig sind, sondern auch sozial und ökologisch verantwortlich und soweit möglich regional hergestellt werden. Meist unterstützt sie kleinere Manufakturen, indem sie sie in ihr Sortiment aufnimmt. Fast jedes Produkt hat hier seine eigene kleine Geschichte ...

Dass ihr die Umwelt am Herzen liegt, sieht man auch an der Ausstattung des Ladens. Das kleine Café darin wird durch eine niedrige hölzerne Wand abgeschirmt. Die Wand hat sie, genauso wie die Tische, aus alten Gerüstbohlen fertigen lassen. Aber bevor man sich von einem Cappuccino anlocken lässt, lohnt es sich, das weitere Angebot zu inspizieren. Vieles hat einen Bezug zu Braunschweig: zum Beispiel die Geschirrtücher mit Innenstadtmotiv, die Postkarten mit besonderen Fotos oder das Stadtlicht – eine Edelstahlsilhouette, die mithilfe eines Teelichts unter anderem den Dom und den Löwen auf die transparente Außenhülle projiziert. Hier findet man einfallsreiche Geschenke, wie Stempel mit dem Fuchs Felix, der Libelle Pauline oder der Qualle Rosalie. Toll ist auch das Butterbrotgewürz, das in Braunschweig gemischt wird. Es enthält unter anderem Meersalz, Pfeffer, Petersilie und Knoblauch und ist auch für Quark- und Eierspeisen geeignet.

● Heimatrausch, Schlosspassage 26, 38100 Braunschweig, Tel. (05 31) 38 99 96 62
● ÖPNV: Straßenbahn 1, 2, 3, 5, Bus 420, 620, 730, Haltestelle Schloss

Glück auf der Leinwand

2 Kunst im Herzog-Anton-Ulrich-Museum

Der Weg zum Glück führt die Stufen zum ersten Stock hoch, in die Gemäldegalerie. Öffnet man die hohe Tür, über der *Italienische Malerei* steht, kann man es schon sehen, zwei Räume weiter, hinter den Italienern: das Familienbild von Rembrandt Harmenszoon van Rijn, einem der bedeutendsten niederländischen Maler überhaupt. Das Porträt zeigt drei kleine Kinder mit ihren Eltern. Der Vater berührt schützend die beiden größeren, die Mutter schaut innig auf ihr jüngstes. Die zugewandte, emotionale Atmosphäre fällt auf – vor allem im Kontrast zum Familienbild des Belgiers Cornelis de Vos, das sich im selben Raum befindet. Beide Gemälde entstanden im 17. Jahrhundert, das von Rembrandt allerdings einige Jahrzehnte später. Bei de Vos blicken die Familienmitglieder streng und tragen steife Kleidung mit Radkragen. Die Distanz zwischen den Personen scheint greifbar.

TIPP

Für Braunschweiger lohnt sich die preiswerte Jahreskarte – und damit auch öfter ein Kurzbesuch.

Das Herzog-Anton-Ulrich-Museum gehört zu den 20 bedeutendsten Kunstmuseen in Deutschland. In der hochkarätigen Sammlung sind Werke großer Künstler aus dem 16. bis 18. Jahrhundert vertreten, neben Rembrandt unter anderem Rubens, Cranach, Dürer, Giorgione, Picasso, Palma Vecchio und Vermeer. Viele davon erwarb der Namensgeber des Museums, Herzog Anton Ulrich. Er sorgte damit schon zu seiner Zeit für Glück, denn die Bilder waren öffentlich zugänglich. Das war damals neu.

Ob den Braunschweigern inzwischen klar ist, was für Schätze ihre Stadt beherbergt? Als der Maler Lovis Corinth 1917 hierherkam, um das Rembrandtbild zu sehen, ist er auf dem Weg zum Museum von den Einwohnern mal hierhin und mal dorthin geschickt worden, wie er schrieb. Das passiert heute hoffentlich niemandem mehr. Inzwischen kommen sogar Besucher aus den USA oder Japan, um das Bild eines weiteren Niederländers zu sehen: *Das Mädchen mit dem Weinglas* von Jan Vermeer van Delft. Weltweit gibt es nur 36 Gemälde des Künstlers, unter anderem in der Gemäldegalerie in Berlin, in der National Gallery in London, im Rijksmuseum in Amsterdam – und in Braunschweig.

....

● Herzog-Anton-Ulrich-Museum, Museumstraße 1, 38100 Braunschweig,
Tel. (05 31) 1 22 50, www.3landesmuseen.de
● ÖPNV: Straßenbahn 4, 5, Bus 413, Haltestelle Museumstraße

Gartenfreunde & Gourmets

3 Klostergärtnerei Riddagshausen

Marokkanische Teeminze, Olivenkraut, Chili, Rosmarin oder das chinesische Heilkraut Jiaogulan, auch Kraut der Unsterblichkeit genannt – das ist nur eine kleine Auswahl der Kräuter, die in der Klostergärtnerei Riddagshausen angeboten werden. Im Sommer kann man neben Kräutern auch Salat aus eigenem Anbau und Gemüse wie Porree, Kohlrabi oder Zwiebeln kaufen. Dazu kommen Gurken, Auberginen, Paprika, Tomaten und einiges mehr aus eigenen Gewächshäusern und vom Feld. Vor allem die Tomaten sind beliebt. Da sie hier in Ruhe reifen können, entwickeln sie ein tolles Aroma. Kräuterfans ohne eigenen Garten oder Balkon können frisches Grün am Bund abschneiden. Auch das Gemüse wird von Mai bis Oktober jeden Morgen frisch geerntet – und das an sieben Tagen die Woche. Wem also am Sonntagnachmittag einfällt, dass der Salat fürs Abendessen fehlt, der kann einfach einen kurzen Ausflug nach Riddagshausen machen. Im Winter gibt es regional zugekauftes Biogemüse, Weihnachtsbäume und -schmuck.

TIPP

Unbedingt Zeit einplanen für einen Bummel entlang der schmucken Fachwerkhäuser in Riddagshausen.

Regional oder Bio? In der Klostergärtnerei braucht man sich diese Frage nicht zu stellen. Man bekommt automatisch beides. Das Gemüse, die Kräuter und die Zierpflanzen werden entweder selbst produziert oder regional zugekauft und entsprechen den ökologischen Richtlinien von Bioland. Rund 40 Menschen mit unterschiedlichen Beeinträchtigungen arbeiten hier unter dem Dach der Evangelischen Stiftung Neuerkerode, kümmern sich um Gemüse und Blumen, helfen im Verkauf. Das ist gelebte Inklusion. Ihr Arbeitsplatz ist wunderschön – inmitten der Pflanzen und eingerahmt von den alten Mauern der Klosterkirche. Die besondere Atmosphäre in Riddagshausen hat schon früh prominente Bewohner angezogen: Bis zu ihrem Tod 1980 lebte in dem Stadtteil auch Herzogin Victoria Luise, die Tochter des letzten deutschen Kaisers.

● Klostergärtnerei Riddagshausen, Klostergang 62 a, 38104 Braunschweig, Tel. (05 31) 23 17 05 46, www.neuerkerode.de/klostergaertnerei
● ÖPNV: Bus 418, Haltestelle Nehrkornweg; Bus 413, 418, Haltestelle Kreuzteich

Schnell raus hier!

4

Escape Rooms: Hidden in Braunschweig

Die Zeit schreitet unerbittlich voran. In 60 Minuten muss die fünfköpfige Gruppe aus dem Raum entkommen sein. Das Problem: Alle sind mit Handschellen gefesselt. Sie wollten aus dem Büro des Bankdirektors Gold stehlen, doch ein Mittäter ist allein mit der Beute abgehauen und hat die anderen in dieser misslichen Lage zurückgelassen. Sie müssen fliehen, bevor der Bankdirektor zurückkommt.

Ob der Schlüsselbund an der Wand weiterhilft? Aber wie soll man da herankommen? Zum Glück erscheint irgendwann der entscheidende Hinweis auf einem Monitor. Weiter geht es auf der Jagd nach Schlüsseln, Zahlencodes und Hinweisen. Das funktioniert nur im Team. Es reicht nicht, wenn einer voranprescht. Um den Ausweg zu finden, sind die verschiedensten Fähigkeiten gefragt: Der Schach- oder Kartenspieler kommt genauso zum Einsatz wie der Rechenkünstler. Ursprünglich waren Escape Games reine Computerspiele. Dann wurde die Idee, in einer vorgegebenen Zeit Rätsel zu lösen, in die Realität übertragen. Unter den Vorreitern waren einige osteuropäische Länder wie Ungarn. Als Rieke Muuß, ein großer Fan der Detektivgeschichten von *Die drei ???*, in Budapest studierte, entdeckte sie dort den ersten Escape Room. Zusammen mit ihren beiden Brüdern setzte sie die Idee 2015 in Deutschland um, unter anderem in Hamburg und Braunschweig. Zu den Escape-Rooms in Brunschweig gehören elf Spielräume an zwei Standorten, darunter auch eine Psychoklinik und eine Westernstadt. In einem Spiel muss man das geheime Elixier finden und dafür herausfinden, wie man eine Zugbrücke runterlässt. Hier sind viele technische Raffinessen im Spiel.

Ganz ohne Kribbeln im Bauch macht niemand mit, auch bei der Geschichte mit dem versuchten Goldraub nicht. Schließlich wird man eingesperrt, und das fühlt sich trotz hinterlegtem Notschlüssel erst mal komisch an – noch dazu, wenn man die Mitgefangenen kaum kennt. Doch sobald man anfängt zu rätseln, vergisst man alles außen herum und taucht ein in die fiktive Welt.

TIPP

Mutige verabreden sich im Escape Room zum ersten Date. Hier lernt man sich wirklich kennen!

● Hidden in Braunschweig, Bruchtorwall 6, 38100 Braunschweig und Sophienstraße 40, 38118 Braunschweig, Tel. (05 31) 48 27 76 75, www.hidden-games.de/braunschweig
● ÖPNV: Bruchtorwall: Straßenbahn 3, 5, Bus 411, 413, 416, 418, 419, 422, 423, 429, 450, 461, 480, 560, 620, Haltestelle Friedrich-Wilhelm-Platz
Sophienstraße: Bus 413, Haltestelle Südstraße

Am, auf oder ums Wasser

5 ## Segler beobachten am Südsee

Ein Ausflug an den Braunschweiger Südsee ist wie ein Miniurlaub. Dafür nimmt man sich am besten an einem Wochentag nachmittags frei und fährt zum schönsten Platz: der Terrasse des Cafés neben dem Segler-Verein, im Nordwesten des Sees. Der Verein ist einer der größten in Niedersachsen, entsprechend viel ist hier an schönen Tagen los. Von Mai bis Oktober sind meist ab 16 Uhr die Kinder und Jugendlichen auf dem Wasser und lernen zum Beispiel mit den Optimisten, den kleinen Einsteigerbooten, das richtige Wenden und Halsen. Es ist herrlich entspannend, die elegant vorbeigleitenden weißen Segel zu beobachten. Wer lieber ungestört ist, lässt von einem der Stege des Sees die Beine ins Wasser baumeln: In dieser stillen, friedvollen Landschaft kann man wunderbar abschalten. Man hört, wie der Wind leise durch die Bäume weht und die Blätter zum Rauschen bringt, und blickt in das tiefe Blau vor sich.

TIPP

Waschbären, Kamele und Nasenbären besuchen – im familiengeführten Arche-Noah-Zoo, Leipziger Straße 190.

Aktiv kann man werden, indem man den See auf 3,3 Kilometer einmal umrundet. Das dauert zu Fuß etwa eine Dreiviertelstunde – wenn man sich nicht an einem der schönen Aussichtspunkte auf der Westseite des Ufers vom Weg abbringen lässt. Fast noch schöner ist die Ostseite: Dort führen auf einem schmalen Landstück zwischen Südsee und Oker zwei Wege durch, einer für Fahrradfahrer und einer für Fußgänger, flankiert von Trauerweiden und Erlen. Mit dem Fahrrad kann man hier gemütlich Richtung Süden weiterfahren, vorbei an Weiden mit Pferden, Schafen und Rindern und am alten Ortskern von Stöckheim. An der Oker entlang geht es bis Leiferde, dem südlichen Ende von Braunschweig. Hier dreht man nach einer guten Viertelstunde um und radelt auf demselben Weg zurück.

Noch mehr aktive Entspannung gefällig? Dafür lernt man am besten selbst segeln und lässt sich auf dem Boot den Kopf frei pusten. Insider sagen, das Segelboot fühle sich an wie eine eigene kleine Insel. Der Segler-Verein hat aber neuerdings auch eine unkomplizierte Alternative im Angebot, für die man keinen Segelschein braucht: Stand-Up-Paddling.

● Südsee, www.braunschweig.de/suedsee
● ÖPNV: Straßenbahn 1, 2, Bus 420, Haltestelle Richmondweg, 15 Minuten Fußweg; Bus 413, 455, 466, Haltestelle Westerbergstraße, 15 Minuten Fußweg

Einkaufen & abschalten

6 Der Magnikirchplatz

Es ist der schönste Platz in Braunschweig: der Magnikirchplatz. Am besten setzt man sich auf eine der vielen Bänke und beobachtet das Treiben: die Kinder, die hier fernab der Straße das Radfahren lernen, oder die Erwachsenen, die sich donnerstags an einem der Marktstände Tomaten kaufen, oder Tulpen.

Der Platz wird eingerahmt von der historischen Magnikirche auf der einen und einer Kopfsteinpflasterstraße mit inhabergeführten Geschäften auf der anderen Seite. Es gibt dort einen Yogaladen, ein Biocafé und ein Dessousgeschäft. Und das sind nur einige der kleinen Geschäfte des Viertels, von denen man am besten alle besucht. Schöner kann man nämlich in Braunschweig nicht bummeln. Das liegt auch daran, dass im Magniviertel viele alte Fachwerkhäuser erhalten geblieben sind. Das imposanteste davon befindet sich direkt am Magnikirchplatz. Ganz früher wohnten hier die Bürgermeister des Stadtteils, seit in dem Gebäude ein Hotel untergebracht ist, kann hier jeder schlafen und essen. Das schnörkellose, weiß verputzte Haus mit seinen braunen Balken stammt aus der zweiten Hälfte des 15. Jahrhunderts. Tatsächlich ist hier eine ganze mittelalterliche Hofanlage erhalten geblieben, um die Gebäude kann man über die Gasse Herrendorftwete herumgehen. Am besten geht man gleich noch ein paar Schritte weiter und spaziert über die Straße Hinter der Magnikirche bis zur Straße Ackerhof 2: Hier steht man vor dem ältesten urschriftlich datierten Fachwerkhaus Deutschlands, das 1432 in Ständerbauweise erstellt wurde. Seit vor einigen Jahren die Zoohandlung aus dem Gebäude auszog, steht es leer. Jetzt wird saniert und man darf gespannt sein auf das Ergebnis. Wer Lust auf mehr Fachwerk hat, bummelt noch durch die Straßen Am Magnitor und Ritterstraße – und hat nach so viel Kultur definitiv einen Crêpe aus dem Biocafé auf dem schönsten Platz Braunschweigs verdient. Das mit dem schönsten Platz ist übrigens amtlich: Die Stadt hat ihre Bewohner offiziell befragt.

● Magniviertel und Magnikirchplatz, www.magniviertel.de
● ÖPNV: Straßenbahn 4, 5, Haltestelle Am Magnitor

Fluffige Torten

7

Das Atelier Café in Wolfsburg

Eine Besonderheit im Atelier Café ist das Frühstück. Die Marmeladen sind alle hausgemacht, Tee, Kakao und Kaffee durchweg biozertifiziert. Wer am Wochenende einen Platz fürs Frühstück ergattern möchte, wartet schon mal zwei Monate. Aber auch am Nachmittag kann man es sich gut gehen lassen: bei einem Stück Mascarpone-Himbeer-Torte zum Beispiel, das nicht nur liebevoll mit Minze, Himbeersirup und frischen Himbeeren dekoriert ist, sondern auch mit fluffigem Teig und angenehm fruchtigem Geschmack aufwartet.

Der Inhaber Tobias Senft ist gelernter Koch. Er legt Wert auf gute Zutaten – gerne aus der Region. Von Mineralwasser, das aus den Pyrenäen oder von den Fidschi-Inseln weit hergeholt wird, hält er nichts. Er lässt lieber sein eigenes Mineralwasser abfüllen: Tobiquell. Es stammt aus der Auburg Quelle in Wagenfeld, westlich von Hannover und damit keine 200 Kilometer von Wolfsburg entfernt. Wem der Name Tobiquell bekannt vorkommt: Das Mineralwasser gibt es nicht nur im Atelier Café, sondern ebenfalls in verschiedenen anderen Restaurants und Cafés, auch in Braunschweig. Egal ob man nur ein Glas Tobiquell trinken oder das Frühstücksbüfett genießen möchte – bei schönem Wetter sollte man sich unbedingt auf die Terrasse setzen und den Ort auf sich wirken lassen. Das Café ist in einem ehemaligen Bauernhaus untergebracht, einem der wenigen verbliebenen Backsteinfachwerkhäuser im historischen Stadtteil Heßlingen, nahe der Innenstadt. Die historischen Häuser werden liebevoll von ihren Besitzern gepflegt, die Fensterrahmen und Türen sind frisch in Blau, Türkis oder Grau gestrichen. Es gibt alte Bäume und Kopfsteinpflaster. Sogar eine Nachtigall soll hier gelegentlich zwitschern. Ein Ort zum Durchatmen, mitten in der Stadt.

TIPP

Das Einschlaf nebenan ist eines der kleinsten Hotels. Übernachtungsgäste frühstücken im Atelier Café.

● Atelier Café, An der St. Annen-Kirche 11, 38440 Wolfsburg, Tel. (0 53 61) 1 22 19
www.ateliercafe.de
● ÖPNV: RE50, Haltestelle Wolfsburg Hauptbahnhof

Buchstaben, die verzaubern

8

Der Handlettering-Kurs

Elegant, leicht und einfach wunderschön – so sehen die Buchstaben aus, die die Teilnehmerinnen des Handlettering-Kurses aufs Papier zaubern. Die Buchstaben verbinden sich zu einem *Danke* oder zu einem Spruch wie *Auf die Plätze, glücklich, los.* Handlettering ist die Kunst des Schreibens und funktioniert ähnlich wie Schönschreiben früher in der Schule: ohne Tastatur, dafür mit eleganten Schwüngen. Im Grundkurs lernt man erst einmal, mit den Handlettering-Stiften umzugehen und damit Buchstaben zu schreiben und zu verbinden. Die Basics eben. Aber weil hier die Fortgeschrittenen am Werk sind, geht es einen Schritt weiter: Aus der losen Schrift wird eine kompakte Form. Dabei helfen Schmuckelemente wie Pfeile mit Dreiecken, Kränze oder Banner. Und spätestens jetzt wird klar: Aus der eigenen Schrift können wunderschöne Bilder entstehen.

TIPP

Einfach loslegen! Man braucht fürs Handlettering nur einen Brushpen und glattes Papier.

Handlettering ist ein Trend, der die Menschen im Handy- und Computerzeitalter wieder zum Stift greifen lässt, um Menütafeln, Glückwunschkarten oder Bilder zu fertigen. Handgemacht und einzigartig. Wie das geht, lernt man zum Beispiel beim Bürobedarf Weiss. Die zweistündigen Kurse werden von einer diplomierten Designerin geleitet. Die Teilnehmerinnen – an diesem Abend sind es ausschließlich Frauen – treffen sich in einem liebevoll dekorierten Raum im ersten Stock über dem Geschäft. Hier fühlt man sich sofort gut aufgehoben: Auf dem großen Tisch warten Behälter mit Stiften, Blöcke, Transparentpapier und eine Geschenktüte. Außerdem gibt es Getränke und Süßigkeiten. An den Wänden hängen Bilder mit verschiedenen Sprüchen, auf einem Glasregal steht ein kleines weißes Haus. Die Aufschrift: Glück.

Glücksgefühle bekommt man beim Handlettering schnell. Die Hürde für den Einstieg ist klein: Schließlich hat jeder mal schreiben gelernt. So gehen nach dem Kurs alle entspannt und glücklich nach Hause – mit einem eigenen, selbst geschaffenen Werk.

● Bürobedarf Weiss, Sack 21–22, 38100 Braunschweig, Tel. (05 31) 12 59 46
www.buero-weiss.de/handlettering-workshops
● ÖPNV: Bus 411, 413, 416, 418, 422, 423, 450, 480, 560, Haltestelle Packhof

Vielfalt in Harmonie

Das Haus der Kulturen

Stopp, nicht reingehen! Zumindest nicht sofort. Wer zum ersten Mal hier ist, sollte nicht verpassen, zuvor noch einen Blick auf das schmucke, liebevoll restaurierte Gebäude zu werfen, in dem das Haus der Kulturen untergebracht ist: den ehemaligen Nordbahnhof, der Mitte der 1880er-Jahre entstand und in den 1990er-Jahren stillgelegt wurde. Das Gebäude besteht aus gelben und roten Backsteinen und großen, weiß gerahmten Fenstern mit wunderschönen Rundbögen. Diese lässt man am besten im Café, das auch zum Haus der Kulturen gehört, auf sich wirken. Es hat wochentags geöffnet und ist für jeden zugänglich. Zwischen bunten Stühlen wächst mitten im Raum eine riesige Pflanze, ein Benjamin, der in den 1980er-Jahren eingepflanzt wurde. Inzwischen ist er bestimmt 10 Meter hoch. Wer noch mehr Grün möchte, nimmt seinen Kaffee mit nach draußen auf die Terrasse oder kommt in den warmen Monaten freitags ab 18 Uhr zur Happy Hour mit internationalen Antipasti.

TIPP

Das jährliche Sommerfest mit Musik und Essen aus verschiedenen Kulturen.

Gerade ist Englischlehrerin Kate hereingekommen und bleibt auf einen Plausch am Tresen stehen. Kate stammt aus London und spricht feinstes britisches Englisch. Gleich wird sie den offenen Kurs *English Conversation for Women* leiten, an dem man für 5 Euro pro Termin teilnehmen kann – eines von vielen Sport-, Kunst- und Sprachangeboten im Haus. Heute sind es drei Frauen, die in locker-herzlicher Atmosphäre und mit viel Gelächter ihr Schulenglisch auffrischen. Es geht nicht darum, ein straffes Programm durchzuziehen, dafür ist das Niveau der Teilnehmenden zu unterschiedlich. Ziel ist es, sich auszutauschen und einen Einblick in andere Kultur- und Lebensweisen zu bekommen. Hier treffen sich Menschen mit deutschen und ausländischen Wurzeln. Für Letztere geht es darum, in dieser Gesellschaft anzukommen. Und allen ist es wichtig, Vielfalt in Harmonie zu leben. Was man dafür braucht, hat der Vorsitzende Ishak Demirbag in einer Rede wunderschön zusammengefasst: gegenseitigen Respekt, den Willen zur Gemeinschaft und die Verständigung auf gemeinsame Grundwerte.

....

● Haus der Kulturen, Am Nordbahnhof 1, 38106 Braunschweig,
Tel. (05 31) 38 94 95 45, www.hdk-bs.de
● ÖPNV: Bus 426, Haltestelle Taubenstraße

Gutes Grün

10 Pöligs Gemüsescheune in Wolfenbüttel

Oft sind es Menschen, die einen Ort zu einem Glücksort machen. Menschen, die anpacken und die mit Herz und Leidenschaft bei der Sache sind. So jemand ist Hans-Martin Pölig. Er ist einer der letzten Gemüsegärtner Wolfenbüttels. Tatsächlich haben die Gärtner in der Stadt eine lange Tradition. Mitte des 20. Jahrhunderts gab es noch 131 Betriebe und in der Zeit, in der Deutschland geteilt war, belieferten sie sogar Westberlin. Die Ursprünge reichen aber viel weiter zurück: Als die Herzöge Mitte des 18. Jahrhunderts ihre Residenz nach und nach in die Nachbarstadt Braunschweig verlegten, verkauften sie auch Acker- und Wiesenflächen an Privatpersonen. Viele nutzten diese, um Gemüse anzubauen. So wie Pölig es noch heute macht. Einen Teil seiner Ernte verkauft er direkt an die Kunden, immer dienstags und freitags ab 16 Uhr in seinem Hofladen, Pöligs Gemüsescheune. Hier kann man Tomaten, Gurken und Kopfsalat fürs Abendessen holen und wer Lust hat, plauscht bei Bratwurst, Räucherfisch oder einem Glas Wein noch ein wenig mit den Nachbarn. Die Stimmung ist locker und entspannt, man kennt sich. „Hallo Heini, gratuliere dir zum Opa", tönt es aus der einen Ecke. „Du hast bei dem Wetter 'ne kurze Hose an. Spinnst du?", aus der anderen.

Der Chef, der fast alle Kunden mit Namen begrüßt und für jeden ein persönliches Wort übrig hat, freut sich, dass es unter ihnen keine Berührungsängste gibt. Der VW-Arbeiter sitzt ganz selbstverständlich mit dem Rechtsanwalt oder Steuerberater an einem Tisch. Der Rentner, der sich auf die Gesellschaft freut, kommt genauso vorbei wie die Mutter, die mit ihrem kleinen Kind Möhren holt, oder wie der überzeugte Bio-Käufer, der weiß, dass er hier ungespritztes Gemüse bekommt. Ein Bio-Zertifikat kann Pölig nicht vorweisen, Pestizide verwendet er trotzdem nicht. Seine Kunden glauben ihm, zumal sie ihm ja quasi bei der Arbeit zuschauen. Man kennt sich eben. Das ist wirklich regional!

TIPP

Selbst gärtnern mit Jungpflanzen von seltenen Tomatensorten aus Wolfenbüttel: www.bunte-tomaten.de.

● Pöligs Gemüsescheune, Alter Weg 44, 38302 Wolfenbüttel, Tel. (0 53 31) 7 65 94
www.poelig-wf.de
● ÖPNV: Bus 420, 793, Haltestelle Wolfenbüttel Mittelweg

Starke Filme, starke Emotionen

11 Das Filmfestival

Viele Braunschweiger freuen sich auf den November. In diesem Monat bringt das Internationale Filmfestival Licht in die graue Jahreszeit – und das seit mehr als 30 Jahren. Sechs Tage, vollgepackt mit besonderen, internationalen Filmen und berührenden Momenten, auf und vor der Leinwand. An den Festivaltagen sind Regisseure, Schauspieler, Produzenten und Filmmusiker zu Gast und tauschen sich mit den Besuchern aus. Das Ergebnis ist eine wunderbar inspirierende Atmosphäre, in die man tagelang eintauchen kann. Viele tun das auch und nehmen sich während der Zeit Urlaub. Profis empfehlen, ruhig mal einen Film ausfallen zu lassen und sich im Foyer des Astor Filmtheaters oder im Kino-Bistro abspann im Universum-Filmtheater von der anregenden Stimmung anstecken zu lassen. Hier soll man am einfachsten mit den Filmemachern ins Gespräch kommen.

TIPP

Kein Babysitter? Festivalfilme für zu Hause als Video on Demand unter biff.kino-on-demand.com

Das Besondere am Braunschweiger Filmfestival ist, dass alles, was gezeigt wird, vom Festivalverein ausgewählt worden ist – von Menschen aller Alters- und Berufsgruppen, die ihre Begeisterung für das Kino eint. Jede Person sichtet im Vorfeld bis zu 60 Filme und so vielfältig wie die Menschen ist auch das Ergebnis: über 300 Veranstaltungen, neben Filmen aller Genres auch Filmkonzerte und Gesprächsrunden. Doch nach einer Woche ist selbst das schönste Festival vorbei. Und dann? Um nicht in ein dunkles Post-Filmfestival-Loch zu fallen, geht man am besten ins Universum-Filmtheater. Dieses wird seit 2009 von einem Teil der Festivalmacher betrieben und auch hier findet man das Gegenteil von Mainstream-Filmen: Das Programm mit viel europäischem und internationalem Arthouse-Kino wurde mehrfach ausgezeichnet. Und es gibt eine Gemeinsamkeit mit dem Filmfestival: Die Reihe *Sound on Screen*. Im Kino werden regelmäßig Musikfilme gezeigt, anschließend geht es zu Konzert oder Party ins Café Riptide, das gleichzeitig ein Plattenladen ist. Das funktioniert gleichermaßen mit Punkrock wie mit Jazz …

• Braunschweig International Filmfestival, verschiedene Vorführorte
www.filmfest-braunschweig.de
• ÖPNV: Universum-Filmtheater: Bus 411, 413, 416, 418, 422, 423, 450, 480, 560, Haltestelle Packhof; Astor Filmtheater: Straßenbahn 4, Bus 411, 416, 450, 480, 560, Haltestelle Radeklint

UNIVERSUM

··· UNIVERSUM ···

SOUND ON SCREEN:
FESTIVAL EDITION

7. – 13. November 2016

BRAUNSCHWEIG

NEUE DEUTSCHE FILME

INTERNATIONAL

POE AT MIDNIGHT

30

FILM FESTIVAL

Das erste Mal auf der Bühne

12   Café und Treffpunkt KaufBar

Gar nicht so einfach, zu erklären, was die KaufBar ist. Den meisten fällt zuerst der Mittagstisch ein: Kräutercrêpes mit Gemüse-Linsen-Ragout, oder Quiche mit Lauch und Möhren – die vegetarischen Tagesgerichte sind abwechslungsreich und schmecken immer. Abends ist die Kunst dran: Auf der kleinen Bühne räumen die Auftretenden Couch und Tische zur Seite und machen Platz für Lesungen, Theater oder Konzerte. Hier, im erweiterten Wohnzimmer, auf einem zwei Stufen erhöhten Podest, haben viele Kunstschaffende ihren ersten öffentlichen Auftritt. Eine lange Tradition hat dagegen die Irish Session: Seit Jahren treffen sich einmal im Monat alle, die ein irisches Instrument spielen, wie die kleine irische Flöte Tin Whistle, die Trommel Bodhrán oder die Mandoline. Sie sorgen mit Irish Folk für gute Laune. Mitmachen können alle, die ein irisches Instrument spielen.

Wer der Musik lauscht und dabei die Blicke schweifen lässt, entdeckt vielleicht eine schicke Lampe, ein Spiel oder ein Buch. Was im Café steht, kann man in der Regel auch kaufen, die KaufBar heißt nicht ohne Grund so. Auch bei den regelmäßig stattfindenden Kleidertauschpartys kann man das Leben von Dingen verlängern. Das bringt Glück – für einen selbst und die Umwelt.

Wer in schwierigen Situationen Hilfe braucht, zum Beispiel bei Jobverlust oder Krankheit, kann sich in der KaufBar kostenlos und vertraulich beraten lassen. Es gibt Stammtische zu verschiedenen Themen wie Hochsensitivität und von Vereinen wie dem Naturschutzbund. Beim internationalen Treffen begegnen sich Einheimische und Geflüchtete. Die KaufBar bietet Raum für alle, die sozial, kulturell oder politisch aktiv sind. Was sie eint, sind die Leitlinien für Menschlichkeit des Deutschen Roten Kreuzes.

Den jetzigen Standort an der Ecke Helmstedter Straße/Leonhardstraße gibt es seit 2009. Neuerdings kann man seinen Cappuccino auch vor der Tür trinken, auf einem neuen, fußgängerfreundlich gestalteten Platz mit vielen freien Flächen und Bäumen.

....

● DRK-KaufBar, Helmstedter Straße 135, 38102 Braunschweig, Tel. (05 31) 70 21 16 61
www.drk-kv-bs-sz.de/angebote/kaufbar
● ÖPNV: Straßenbahn 4, Bus 422, Haltestelle Marienstift

Asanas in einer Galerie

13 Yoga an ungewöhnlichen Orten

Unter dem Dach schwebt ein weiß-orangefarbenes Zelt. Kopfüber bewegt es sich in dem hohen, loftartigen Raum langsam hin und her. Ein durchsichtiger Schlauch verbindet das Zelt mit einer Flasche, die am Boden liegt. Daneben sind Yogamatten in allen Farben aufgereiht. Und das alles in der städtischen Galerie halle267. Die Frage liegt nahe: Ist das Kunst? Jein. Das Zelt gehört zur Ausstellung, die Yogamatten sind Teil des Yin-Yoga-Kurses von Nina Karmann. Die Yogis und Yoginis bewegen sich ähnlich langsam wie das Zelt: Beim Yin Yoga geht es um innere Ruhe und körperliche Flexibilität. Positionen wie der schlafende Schwan, der die Hüften öffnet, oder die Sphinx, die die Brustmuskulatur dehnt, werden minutenlang gehalten, das beruhigt den Geist und dehnt Faszien, Sehnen und Bänder. Und es zaubert ein entspanntes, glückliches Lächeln auf die Gesichter der Teilnehmenden.

TIPP

Noch mehr Asanas gibt es auf dem jährlichen Yogafestival: www.yoga-festival-braunschweig.de.

Nina bietet ihren Kurs im Rahmen von Yoga ungewöhnlich an – das sind Yogastunden an ungewöhnlichen Orten, die für alle offen sind. Mit oder ohne Vorkenntnisse kann man verschiedene Yogastile und -lehrkräfte ausprobieren. Die Veranstaltungen sind kostenlos, es gibt eine Spendendose für das Tierheim in Braunschweig und den griechischen Tierschutzverein Paros, von dem die beiden Hunde von Yvonne kommen. Yvonne Winkler ist die Inhaberin des Geschäfts Yoga Ambiente. Sie hatte die Idee zu Yoga ungewöhnlich, das 2015 aus einem Flashmob auf dem Magnikirchplatz entstand. Die Veranstaltungsreihe findet im Sommer alle zwei Wochen statt und zeigt, wie vielfältig die Yogaszene in Braunschweig ist. Auch an ungewöhnlichen Orten mangelt es nicht: die vielen Parks, eine Dachterrasse, ein Parkhaus mit Loftcharakter oder die Oker auf einem Stand-Up-Paddling-Board. Die verschiedenen Yogastile sorgen für zusätzliche Abwechslung: Acro, Vinyasa, Kundalini, Vini, Yoga im Bewegungstuch – um nur einige zu nennen. Was alle Veranstaltungen eint: Die Teilnehmenden schauen über den Rand ihrer eigenen Yogamatte hinaus.

● Yoga ungewöhnlich, Yoga Ambiente, Yvonne Winkler, Ölschlägern 19, 38100 Braunschweig, Tel. (05 31) 38 97 59 21 www.yoga-ambiente.de/yoga-ungewoehnlich-2
● ÖPNV: Straßenbahn 1, 2, 3, 5, 10, Bus 420, 620, 730, Haltestelle Schloss

Natur trifft Industrie

14 Die ehemalige Ilseder Hütte

Wer gerne Lost Places fotografiert, kennt diesen Ort vielleicht: Die 1858 gegründete Ilseder Hütte, heute Niedersachsens größte Industriebrache. Ganze 125 Jahre wurde hier Eisenerz zu Roheisen verarbeitet, dann kam Anfang der 1980er-Jahre das Aus. Zum Glück blieben einige der Industrieanlagen auf dem Gelände erhalten und entfalten heute ihren morbiden Charme. Darunter der alte stählerne Kugelwasserturm, der weithin sichtbar zum Symbol für die Industriegeschichte des Ortes geworden ist, und der wunderschöne rote Backsteinbau der 1904 errichteten Gebläsehalle, die mittlerweile für Veranstaltungen genutzt wird. Beide Gebäude sind als Denkmäler geschützt. Wie sehr das Gelände den kleinen Ort Ilsede auch optisch prägte, davon bekommt man eine Ahnung, wenn man sich das Modell der Hütte ansieht, das in der Dauerausstellung Vom Erz zum Stahl gezeigt wird. Anhand von Texten und Bildern erfährt man, wie früher Roheisen produziert wurde. Geöffnet ist die Ausstellung von April bis Oktober jeden zweiten Mittwoch im Monat von 15 bis 18 Uhr. Der Eintritt ist frei.

TIPP

Ein Spaziergang entlang der Fuhse. Der kleine Fluss lieferte früher das Kühlwasser für die Hütte.

Heute erobert sich die Natur das Gelände mehr und mehr zurück. Gut sehen kann man das an einem im Freien ausgestellten modernen Kunstwerk: Zwischen den verrosteten Eisenteilen, die kreuz und quer übereinanderliegen, zeigt sich das erste zarte Grün wachsender Bäume. Einen guten Einblick sowohl in die Natur als auch in die Geschichte der Hütte bekommt man bei einem Spaziergang auf dem Industriepfad, der an der Kreuzung Eichstraße/Ilseder Hütte beginnt. An 20 Stationen erhält man mithilfe von Fotoinstallationen und den Resten alter Anlagen eine Vorstellung von der Arbeit in der Hütte. Immerhin waren zu den Hochzeiten hier bis zu 5000 Menschen beschäftigt. Die Bedeutung der Eisenerzeugung reichte weit über die Region hinaus: Tatsächlich kamen noch 1974 über 80 Prozent der geförderten Erze in Deutschland aus dem Raum Peine-Salzgitter und wurden in den Hütten in Ilsede und Salzgitter verarbeitet.

● Umformerstation, Zum Wasserturm 32, 31241 Ilsede; Kontakt: Förderverein Ilseder Hütte, Tel. (0 51 71) 5 50 04, www.umformerstation.de
● ÖPNV: Bus 501, 503, 515, 517, 530, 531, Haltestelle Groß Ilsede ZOB

Obstbäume mit Blütenzauber

15

Das Biotop an der Schunteraue

Im Frühjahr ist ein Besuch besonders schön: Dann zeigen die Obstbäume auf der Wiese stolz ihre Blüten und locken mit ihrem Duft. Am besten setzt man sich auf eine der Bänke des Biotops an der Schunteraue und lässt die zauberhafte Umgebung auf sich wirken, bewundert die bunten Blüten, atmet ihren blumigen Duft ein und beobachtet die umherfliegenden Bienen. Der Kultur- und Förderverein Rühme hat hier einen wunderbaren Ort geschaffen – und das direkt hinter der Lärmschutzwand der viel befahrenen A 2. Kaum zu glauben, dass sich hier einst eine Müllkippe und später Brachland befand. Jetzt ist es ein Naturparadies!

Die rund 80 Obstbäume, darunter Äpfel, Kirschen, Mirabellen, Birnen und Zwetschgen, haben Freiwillige nicht nach Ertrag ausgewählt, sondern danach, dass sie Vögel, Bienen und andere Insekten gut mit Nahrung versorgen. Unter ihnen sind viele seltene Sorten. Auf Streuobstwiesen wachsen verschiedene, meist hochstämmige Arten verstreut – daher der Name – und werden naturverträglich gepflegt. Schmetterlinge, Fliegen, Wespen, Käfer oder Vögel fühlen sich hier wohl, wie man auf einer Infotafel erfährt. Mehr Wissen gibt es am Natur-Infozentrum, zu dem die dicken Eichenscheiben gehören, deren langes Leben anhand von Daten der Braunschweiger- und der Welt-Geschichte veranschaulicht wird.

Wer sich von den Obstbäumen trennen kann, geht am besten ein paar Schritte in südliche Richtung. Dort gibt es einen kleinen Teich, an dem ein Schwanenpärchen jedes Jahr mehrere Junge aufzieht. Richtung Norden, unter der Autobahn durch, führt der Weg nach Bienrode. Aufgeregt schnattern hier die Gänse auf den Wiesen und übertönen die Kleinflugzeuge vom nahen Flughafen Waggum. Mitten in diesem menschen- und technikgeprägten Umfeld darf die Natur wieder den Ton angeben. Übrigens: Zum Biotop gelangt man nur zu Fuß oder mit dem Fahrrad, entweder vom Stadtteil Rühme aus über die Verlängerung der Mark-Twain-Straße in der Lincolnsiedlung oder weiter südlich über den Flachsrottenweg.

TIPP

Naschen erlaubt: Wer mag, darf sich eine reife Birne oder Zwetschgen für den Kuchen mitnehmen.

● Biotop an der Schunteraue, Verlängerung Mark-Twain-Straße; Kultur- und Förderverein Rühme, Tel. (05 31) 31 15 27, www.ruehme.com
● ÖPNV: Straßenbahn 1, 10, Bus 424, 434, 464, Haltestelle Lincolnsiedlung, 10 Minuten Fußweg

Lamm, Aubergine & Wärme

16 Anatolisches Restaurant SAZ

Die ersten Gäste warten bereits vor der Tür, als das Restaurant um 17 Uhr öffnet. Es dauert nicht lange, dann sind alle Plätze besetzt. Die Gäste sitzen an einem der rund ein Dutzend Tische, mit Blick auf großformatige Fotos aus Anatolien an der weißen Wand. Darauf sind Berge zu sehen und Frauen, die an einer offenen Feuerstelle Brot backen. Die Speisekarte ist in Holz eingefasst, auf der Vorderseite ist eine Saz abgebildet – eine Laute, wie sie unter anderem in der Türkei verbreitet ist. Das Instrument wird *Sass* ausgesprochen. Im Hintergrund ist moderne türkische Volksmusik zu hören. Klar, dass auch eine Saz dabei ist.

Als Gast wird man aufmerksam und freundlich von Chef Hasan Ari und seinem Team umsorgt. Er hat das Lokal 2014 von seinem Vorgänger übernommen. Ihm ist es wichtig, dass sich alle wohlfühlen. Dazu gehört der persönliche Kontakt, er reicht jedem zur Begrüßung die Hand. Schon bald weht der verführerische Duft von Fleisch und Gemüse durch den Raum. In der anatolischen Küche wird gern gegrillt, es wird viel Lamm und Huhn serviert. Für Vegetarier gibt es im Tontopf geschmortes Gemüse in verschiedenen Varianten, oft mit Joghurt. Hier kommt das Gemüse auf den Tisch, das auch in der Türkei wächst: Paprika, Auberginen, Zucchini, Tomaten, Kartoffeln und Möhren. Es steht für sich – oder gibt dem Fleisch Geschmack. Gewürzt wird nur wenig in der anatolischen Küche: Oregano, Minze, Chili, Salz und Pfeffer – das war's. Die Mitarbeiter im SAZ bereiten alles täglich frisch vor, sie braten oder schmoren erst los, wenn der Gast bestellt hat.

Auch Kinder sind hier gut aufgehoben: Es gibt für sie spezielle Gerichte und zum Abschied bekommen sie ein Schnapsglas mit Saft – um mit den Erwachsenen und ihrem Raki, einem Anisschnaps, anstoßen zu können. Das SAZ ist ein Lokal, das man mit einem warmen Gefühl verlässt – im Bauch und im Herzen. Wie sagt der Chef: Wer eine Saz spielt, ist ein Freund. Dem kann man nur hinzufügen: Wo Saz-Musik gespielt wird, ist es wie bei Freunden.

....

● Restaurant SAZ, Am Neuen Petritore 7, 38100 Braunschweig, Tel. (05 31) 1 35 14
● ÖPNV: Straßenbahn 4, Haltestelle Inselwall; Straßenbahn 4, Bus 411, 416, 450, 480, 560, Haltestelle Radeklint

Industrial Style plus Altholz

 17 Der Concept-Store Kabinett 24

Die Menschen in Holland sind für ihren schicken Einrichtungsstil bekannt. Kein Wunder, in einem Land, in dem Vorhänge oder Gardinen an den Fenstern nicht üblich sind und jeder Vorübergehende einen Blick in die fremden Räume werfen kann. Da soll es dann auch schick aussehen. Auf den Fensterbänken werden Dekoteile oft stimmig gruppiert: verschiedene Gläser etwa, oder Steintöpfe. Gerne auch passend zur Saison – im Sommer zum Beispiel in frischen Farben wie Blau, Türkis oder Weiß.

Und noch etwas ist verbreitet in unserem Nachbarland: Läden, in denen es sowohl Einrichtung als auch Kleidung gibt. Das funktioniert auch in Braunschweig: Im Concept-Store Kabinett 24 findet man nicht nur Gegenstände zum Wohnen und Dekorieren, wie kleine Schränkchen, Blumenvasen oder Kerzenhalter, sondern auch Jeans und Kleider. Viele der Produkte kommen aus Holland und, wen wundert's, Inhaberin Femmie Tollkien auch. So kann sie ihre Einkaufstouren gleich mit einem Familienbesuch verbinden. Was Stil für sie bedeutet, erklärt sie am Beispiel ihres Zuhauses: Dort hängt eine riesige Theaterlampe im Industrial Style über einem Esstisch aus altem Holz und Stahl. Eine Mischung aus modern und Vintage. Sie mag es nicht, wenn alles einheitlich aussieht, wie aus dem Möbelhauskatalog. Auch in der Mode mag sie Brüche, wie den feinen Tüllrock zu derben Boots. Wichtig ist für sie Veränderung. Um sie herum muss sich alles bewegen. In ihrem Laden ist ständig etwas Neues zu finden. Und sie möchte die Erste sein, die schöne, neue Waren aufspürt.

Ihr Angebot ist stilsicher und farblich passend arrangiert. Das freut das Auge, das immer wieder an kleinen Schönheiten hängen bleibt: Sei es das grün-graue alte Dekoholzstück, der Rock in knalligen Rottönen, der Kerzenhalter mit Glassteinen oder die Armbänder in aufeinander abgestimmten Rosé- und Fliedertönen. In jedem der fünf Räume, die zu dem Geschäft gehören, betritt man eine neue, schöne Welt – wie sich das gehört, für einen Glücksort.

● Kabinett 24, Heinrichstraße 24, 38106 Braunschweig, Tel. (05 31) 39 06 93 33 und Lindenbergplatz 1, 38126 Braunschweig, Tel. (05 31) 86 68 66 69, www.kabinett24.de
● ÖPNV: Bus 418, 422, 423, Haltestelle Stadtpark; Bus 412, 421, Haltestelle Julius-Elster-Straße

Die Gäste tischen auf

18

Koch- und Patisserieschule Bon App'

Das kann nur ein Traum sein: Während die Teilnehmenden kochen, verschwinden wie von Zauberhand benutzte Töpfe und Kochlöffel. Den Abwasch übernimmt in der Kochschule Bon App' (App' steht für das französische Wort Appétit) in Wolfenbüttel ein Heinzelmännchen, oder genauer: eine Heinzelfrau.

Inhaberin der Kochschule ist Katrin Beddies. Sie hat unter anderem Köchin und Hotelbetriebswirtin gelernt. Nach Stationen zum Beispiel in München, Paris, in der Schweiz und in Österreich ist sie nach Wolfenbüttel gekommen und hat im Frühjahr 2016 Bon App' eröffnet. Hier gibt sie ihr Wissen weiter. Zu ihren Lieblingskursen gehört An Sultan's Tafel. An dem Abend stehen orientalische Mezze auf dem Programm, kalte und warme Vorspeisen. Aufgetischt werden Tabuleh, Falafel, Mutabbal, Hummus, Weinblätter mit Minze-Walnuss-Joghurt, Orangen-Zwiebel-Salat, Würzmöhren, Kartoffeln (Batata Harra), Aprikosen-Hähnchen mit Pistazien-Couscous und zum Abschluss Baklava. Aber erst einmal gibt es einen Aperitif zum Lockern. Wer hungrig ist, schneidet sich Stücke vom Peperonibaguette ab. Darauf gibt es Öl und Fleur de Sel. Die benötigten Zutaten für die Rezepte stehen abgewogenen und abgemessenen bereit zum Schneiden, Mixen und Braten.

TIPP

Alternativ den Glücksort nach Hause verlegen und mal wieder mit Freunden kochen.

Das Besondere an Bon App' ist, dass man hier nicht nur herzhaft zu kochen lernt, sondern auch die süße Küche. Katrin Beddies macht keine halben Sachen. Sie hat in Paris eine Patisserie-Ausbildung absolviert – und schwärmt von süßen Träumen wie Macaron, Millefeuille oder Eclair. Am Sonntagnachmittag wird in der Regel gebacken. Backen hat Tradition in Wolfenbüttel: Hier gab es früher eine international renommierte Konditoreifachschule.

Wer möchte, kann im Sommer die Füße hochlegen und sich bei Bon App' den Inhalt eines Picknickkorbes abholen. Es gibt zum Beispiel den vegetarischen, unter anderem mit Basilikum-Feta-Creme, Linsen-Bohnen-Salat, Sandwiches mit gebratenen Kräuterseitlingen und Apfelrosen-Muffins. Auch nicht schlecht.

● Bon App' Koch- und Patisserieschule, Schweigerstraße 2, 38302 Wolfenbüttel,
Tel. (01 78) 6 67 30 61, www.bonapp-kochschule.de
● ÖPNV: Bus 791, Haltestelle Akazienstraße; Bus 796, Haltestelle Schweigerstraße

Radlers Glück

19 ## Fuß- und Radweg Ringgleis

Stillgelegte Bahntrassen haben zwei Vorteile: Sie liegen abseits der Straßen – und damit fern von Abgasen und Lärm – und es gibt keine relevanten Steigungen. Deshalb werden sie gerne als Radweg genutzt. In Deutschland gibt es mehr als 750 solcher umgewandelter Bahntrassen, das hat Hobbyradler Achim Bartoschek gezählt und auf seiner Internetseite www.bahntrassenradeln.de veröffentlicht. Eine davon ist das Braunschweiger Ringgleis. Eine ehemalige Bahntrasse, die als Fuß- und Radweg das Stadtgebiet ringförmig umschließt, wie es hier der Fall ist, ist laut Bartoschek einmalig in Deutschland. Auf insgesamt 20 Kilometern führt der rund 3 Meter breite Weg auf einer Kies-Sand-Schicht oder auf Asphalt um den inneren Teil der Stadt. Schöner als auf dem Ringgleis kann man im urbanen Raum nicht unterwegs sein: ungestört von Autos und vielfach im Grünen ins Büro radeln, joggen oder einfach spazieren gehen. Zu verdanken hat die Stadt ihr Ringgleis vor allem dem Engagement des Vereins braunschweiger forum, der sich fast 25 Jahre für den Weg einsetzte. Am ehemaligen Westbahnhof sieht man noch alte Gleise, die seit Jahrzehnten nicht mehr genutzt worden sind und zwischen denen Birken wachsen. Hier fuhren früher die Güterzüge entlang. Die Ringbahn wurde 1886 gebaut. Fast 50 Firmen hatten auf ihrem Gelände direkten Gleisanschluss und damit eine Verbindung zum alten Braunschweiger Hauptbahnhof. Viele davon siedelten sich hier, im Südwesten der Stadt, an. Es gab Konservenfabriken, Maschinenbauunternehmen, eine Zuckerraffinerie und vieles mehr. Doch das ist Geschichte. Geblieben ist an vielen Stellen eine Architektur, die Alt und Neu verbindet: Hinter der schmucken Fassade des ehemaligen Bahnhofsgebäudes verbirgt sich heute eine Bank, die alten Fabrikgebäude der Zuckerraffinerie wurden in die modernen Büros des ARTmax verwandelt. Statt der Züge fahren auf dem Ringgleis heute Eltern mit Fahrrad und Kinderanhänger.

TIPP

Feinstes Eis ohne künstliche Zutaten gibt es am Ringgleis bei Coney Eisland, Westbahnhof 12.

● Ringgleis, www.ringgleis.de
● ÖPNV: Das Ringgleis ist in Braunschweig aus allen Richtungen gut mit dem Fahrrad zu erreichen.

Upcyceln statt wegwerfen

20 Das Änderungs- und Designatelier Nähwerk

Die beiden Modedesignerinnen haben die Beine der Jeans einfach abgeschnitten. Aus dem Rest haben sie ein schickes Türschild gemacht, indem sie den Stoff beschrieben haben: Closed steht da, wenn Reißverschluss und Knopf geschlossen sind, Open, wenn beides geöffnet und der Stoff zur Seite geklappt ist. Man sieht, dass hier kreativ gearbeitet wird – noch bevor man den Laden im Magniviertel betritt. Das Nähwerk ist ein Änderungs- und Designatelier, in dem man Kleidung nicht nur reparieren, sondern auch verschönern lassen kann: Zum Beispiel wird die Hose, die vom Fahrradfahren am Po dünn geworden ist, mit einem schicken Stück Stoff im Reiterhosenstil verstärkt. Julia Eschment und Duong Nguyen haben zusammen Modedesign studiert. Ihre Kenntnisse geben sie auch an ihre Kunden weiter, in Kreativ-Workshops mit Themen wie: Fotodrucktechnik Cyanotypie oder Upcycling. Upcycling bedeutet, Vorhandenes zu verschönern – und fängt schon beim Reparieren kaputter Kleidung an. Das haben die beiden bei ihrer ehemaligen Professorin Martina Glomb in Hannover gelernt, die früher als Chefdesignerin für die exzentrische Engländerin Vivienne Westwood gearbeitet hat. Einfach das Loch in der Jeans mit buntem Garn umhäkeln oder aus dem Langarmshirt mit kaputten Ärmeln ein T-Shirt schneiden – auch das ist schon Upcycling und dafür braucht man nicht mal eine Nähmaschine. In den Workshops von Nähwerk darf es gerne noch mehr sein: Da wird eine Knotentasche aus altem Vorhangstoff genäht, der Fleck auf einer Bluse hinter einem Streifen aus Spitze versteckt oder der breite Schalkragen eines Kimonos verschmälert. Das Besondere: In den Upcycling-Kursen sind Menschen mit und ohne Vorkenntnissen gleichermaßen willkommen und werden intensiv betreut. Dabei geht es entspannt und kreativ zu: Es wird viel gelacht und geplauscht – so, als hätten sich ein paar Bekannte zum Nähen verabredet.

• Nähwerk, Kuhstraße 1, 38100 Braunschweig, Tel. (01 76) 29 10 06 40
• ÖPNV: Straßenbahn 1, 2, 3, 5, 10, Bus 420, 620, 730, Haltestelle Schloss

Farbenmeer auf Sand

21 Die Gifhorner Heide

Nein, groß ist die Fläche nicht: Gerade mal 32 Hektar sind mit Heidekraut bedeckt. Das entspricht etwa 45 Fußballfeldern, rund einem Zehntel des Naturschutzgebietes Fahle Heide/Gifhorner Heide, westlich von Gifhorn. Ihre mangelnde Größe gleicht die Gifhorner Heide mit Schönheit aus: Trampelpfade führen über Sanddünen durch ein Meer aus Heidekraut. Die Sträucher blühen im Spätsommer wunderschön in hellem Lila. Über das Gelände sind Bänke verteilt. Sie laden die Menschen ein, die hügelige Landschaft auf sich wirken zu lassen und sich vor Augen zu führen, wie die Heide entstanden ist. Was so ursprünglich aussieht, ist menschengemacht: Die nahezu baumfreien, offenen Flächen sind aus Wäldern entstanden, die von Anfang an gerodet und beweidet wurden. Die sandigen, lichten Standorte sind ein idealer Lebensraum für das Heidekraut und für Tierarten wie Zauneidechsen, Wildbienen, harmlose Schlingnattern und giftige und seltene Kreuzottern. Keine Angst: Kreuzottern sind scheu und flüchten sofort, wenn sich Menschen nähern.

Das Heidekraut zu erhalten, ist aufwendig: Damit es nicht von Kiefern und Birken verdrängt wird, schickt ein Schäfer mehrmals im Jahr seine Tiere durch. Diese machen sich über die jungen Gehölze her. Doch alleine schaffen sie die Arbeit nicht, alle paar Jahre werden sie bei der Naturpflege von Menschen unterstützt. Nicht nur die offene Fläche, auch die weiter westlich liegenden und überwiegend bewaldeten Teile des Naturschutzgebietes lohnen einen Besuch: Wer hier in den ruhigen Monaten Februar und März unterwegs ist, hört vielleicht die lauten, trompetenden Balzlaute der Kraniche. Die Bäume wachsen auf dem mageren Boden der Dünen nur langsam. Das Ergebnis ist ein verwunschener Märchenwald mit knorrigen Eichen. Besonders schön kann man diesen auf dem Trampelpfad entlang des nur etwa 5 Meter breiten Allerkanals erleben. Der Kanal wurde vor mehr als 150 Jahren angelegt, um die Felder vor dem Hochwasser der Aller zu schützen, und ist bis an den Rand bewachsen.

TIPP

Das syrische Restaurant Al-Dar, Braunschweiger Straße 117. Freundlicher Service, prima Qualität.

● Gifhorner Heide, Parkplatz Birkenheide/Ecke Hermann-Löns-Weg, zu Fuß über Kellerberg zum Winkeler Weg, 38518 Gifhorn
www.suedheide-gifhorn.de/poi/gifhorner-heide
● ÖPNV: Bus 101, Haltestelle Gifhorn-Winkel Ortsmitte, 11 Minuten Fußweg

Gück ohne Plastik

22 Das Geschäft Wunderbar Unverpackt

Orange, Zitronengras und Pfefferminze – es riecht verführerisch nach ätherischen Ölen. Die Teilnehmerinnen haben sich zu Zweierteams zusammengefunden. Sie raspeln Kernseife und Bienenwachs, verflüssigen Kakaobutter und Kokosöl oder wiegen Natron und grobkörniges Salz. Was aussieht wie eine Mischung aus Kuchenbacken und Chemiestunde, ist ein Workshop, bei dem Körperpflegeprodukte wie Duschgel, Badeöl, Peeling oder Bodybutter selbst hergestellt werden. Die Idee dazu hatte Denise Gunkelmann, seit Ende 2016 Inhaberin des Geschäfts Wunderbar Unverpackt in der Nähe der Braunschweiger Uni. Hier kann man nicht nur Lebensmittel wie Nudeln, Kichererbsen, Butter oder Gummibärchen in mitgebrachte Behälter füllen und kaufen, man bekommt auch Shampoo im Stück, Geschirrspülreiniger oder Lavendelwaschmittel ohne Plastikverpackung – bis auf wenige Ausnahmen ist alles in Bio-Qualität. Der Laden ist liebevoll eingerichtet: viel Holz, kombiniert mit weißen und türkisfarbenen Wänden und ergänzt mit hellgrünen, zylinderförmigen Stofflampenschirmen. Schön sieht das aus.

Die junge Inhaberin freut sich, dass sie die Menschen mit ihrem Laden auf schöne Art dazu bringen kann, weniger Plastik zu verbrauchen. Das gilt auch für die handgefertigten Pflegeprodukte, die ihre Kursteilnehmerinnen in mitgebrachte Glasbehälter füllen.

Duschgel oder Badeöl selbst herzustellen, hat gleich mehrere Vorteile: Man weiß, was drinsteckt – nämlich hochwertige Bio-Zutaten und kein Mikroplastik –, und man kann sie individuell nach Hauttyp und Duftvorlieben anfertigen und sie sind vergleichsweise günstig. Dass Kosmetik schnell und unkompliziert selbst zu machen ist, erfahren alle Anwesenden an diesem Abend. Die Zutaten dafür bekommen sie im Laden. Nur das Vitamin-E, das die Produkte haltbar macht, müssen sie extra in der Apotheke besorgen. Dafür haben sie ein tolles Geschenk für den Geburtstag der besten Freundin – oder sich selbst.

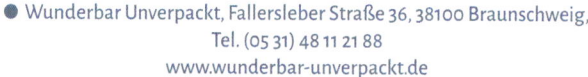

● Wunderbar Unverpackt, Fallersleber Straße 36, 38100 Braunschweig,
Tel. (05 31) 48 11 21 88
www.wunderbar-unverpackt.de

Von Rokoko bis Empire

23 Staatstheater Braunschweig

Wer sich gerne verkleidet, dürfte im Staatstheater glücklich werden. Sich einmal wie eine Adelige des Rokokos fühlen, in einem stark taillierten Kleid, beladen mit Volants und Schleifen? Oder in Frack und Zylinder in die Empirezeit eintauchen? Das Theater trennt sich regelmäßig von Stücken seines 80.000 Teile umfassenden Kostümfundus. Wann es so weit ist, erfährt man im Theaterprogramm. Oft gibt es kurz vor Karneval einen Flohmarkt. Aufgehoben werden die Kostüme im Großen Haus des Theaters, ganz oben, auf dem Dachboden über dem Raum für die Zuschauerinnen und Zuschauer. Hier ist viel Platz für Mäntel, Hüte und Kleider aus allen Jahrhunderten. Sie liegen in Kisten und hängen auf Kleiderstangen. Gründerzeit 1880–1900 steht zum Beispiel über einem gemalten Bild. Es zeigt einen Mann mit Stock und auffälliger Hemdschleife.

TIPP

Die Akustik wird nach oben hin immer besser. Opernkarten im zweiten oder dritten Rang kaufen.

Das Besondere an den Kostümen ist, dass sie alle handgefertigt sind. In der Kostümabteilung des Theaters arbeiten Gewandmeister mit zusätzlicher Ausbildung für historische Schnitte, Schneider, Hut- und Schuhmacherinnen und sogar eine Kostümmalerin. Ist ein historischer Stoff nicht zu bekommen, malt sie das Motiv eben auf – Vögel und Schmetterlinge für ein asiatisches Kleid, zum Beispiel. Kurz: Der Kostümfundus ist ein wirklicher Schatz. Und man kann ihn sogar besichtigen: Immer am letzten Sonntag des Monats bietet das Staatstheater Führungen an, bei denen das Publikum einen Einblick in die Welt hinter dem roten Samtvorhang bekommt. Dazu gehört neben dem Kostümfundus auch die Bühne, die viel größer ist als vermutet: Es gibt nicht nur Platz für 52 Stangen an der Decke, die die verschiedenen Vorhänge für die Vorstellungen und sogar eine ganze Drehbühne herunterlassen können. Weiter hinten lagern auch Kulissen für teilweise bis zu acht Stücke, die parallel aufgeführt werden. Es riecht nach Holz und frischer Farbe. Wenn man Glück hat und nicht gerade geprobt oder umgebaut wird, darf man sich sogar selbst vorne auf die Bühne stellen. Ganz großes Theater!

....

● Staatstheater Braunschweig, Großes Haus, Am Theater, 38100 Braunschweig, Tel. (05 31) 1 23 45 67, www.staatstheater-braunschweig.de
● ÖPNV: Bus 230, 411, 413, 416, 418, 422, 423, Haltestelle Staatstheater

Shirts aus Fischernetzen

24

Das Start-up Re-Athlete

Aus Plastikmüll kann man Sportkleidung herstellen. Das wissen wir spätestens, seit ein großer Sportartikelhersteller vor einigen Jahren werbewirksam Laufschuhe aus Meeresabfällen anpries. Das Braunschweiger Start-up Re-Athlete kann noch mehr: Die gesamte Fitnesskollektion besteht nicht nur aus recyceltem Plastikmüll, sondern wird auch komplett in Deutschland hergestellt.

Hinter dem Label Re-Athlete stecken die beiden Endzwanziger Alina Hische und Johannes Skowron. Die Idee zu Re-Athlete kam ihnen, als sie selbst vergeblich nach Fitnesskleidung suchten, die ökologisch, regional und sozial hergestellt wird. Beide trainieren in ihrer Freizeit: Alina tanzt und Johannes spielt Basketball.

Ihren Laden gibt es seit 2018, inzwischen sind sie umgezogen. Hier

TIPP

Mehr nachhaltige, schicke Mode gibt es bei Jojeco im Magniviertel, Ölschlägern 30.

können sich Sportlerinnen und Sportler mit nachhaltig produzierter Funktionskleidung eindecken, mit Tops, Hoodies oder Leggins, sei es fürs Yoga, Laufen oder Krafttraining. Auf Kleiderstangen hängen Teile der Kollektion. Die Kollektion besteht aus recyceltem Ozean- und Industriemüll sowie PET-Flaschen für die Fitness- und aus Bio-Baumwolle für die Freizeitkleidung. Alina, die seit ihrer Kindheit näht, fertigt die Schnitte. Einen Teil der Kollektion näht eine Werkstatt der Lebenshilfe, die ermöglicht, dass Menschen mit geistiger Beeinträchtigung ihren Alltag möglichst normal gestalten können. Da die Kleidung in Deutschland hergestellt wird, können die beiden auch individuelle Wünsche umsetzen: das T-Shirt mit dem Aufdruck Just run, das Top in der Lieblingsfarbe Türkis oder die Leggins in Sonderlänge. Im Laden stehen mehrere Nähmaschinen: Wenn es schnell gehen soll, näht Alina selbst. Bei Re-Athlete wird klar: Jeder hat es selbst in der Hand, zu einer besseren und glücklicheren Welt beizutragen.

● Re-Athlete, Kreuzstraße 117, 38118 Braunschweig, Tel. (05 31) 22 50 11 25
www.re-athlete.de
● ÖPNV: Bus 422, Haltestelle Tuckermannstraße

Feierabendglück

25 Sonnenuntergang auf dem Nußberg

Es ist einer der schönsten Orte, um den Tag ausklingen zu lassen: der Nußberg. Er liegt am Rande des Prinzenparks, so nennen die Braunschweiger den Prinz-Albrecht-Park. Auch wenn das Wort Berg in Nußberg steckt, ist er in Wahrheit eher ein Hügel: Er liegt gerade mal 93 Meter über dem Meeresspiegel. Seiner Beliebtheit tut das keinen Abbruch. Von hier oben hat man einen wunderschönen Blick über die Stadt und auf die untergehende Sonne. Studierende sitzen in Grüppchen und diskutieren, ein Bier in der Hand, die Fahrräder neben sich abgelegt. Gedämpft dringen Gesprächsfetzen weiter. Andere sitzen mit einem Buch unter einem Baum oder auf einer Bank und lesen. Ob sie der Bratwurstduft von ihrer Lektüre ablenkt? Weiter unten, wo es etwas flacher ist, wird gegrillt. Nebenan flitzen Hunde über die Wiese und begrüßen sich schwanzwedelnd. Die Sonne färbt den Himmel gelborange, bevor sie immer tiefer hinter die Bäume sinkt und nach ein paar Minuten ganz verschwunden ist. Am Himmel sieht man nur noch ein paar Wolkenfetzen, die von unten, von der untergegangenen Sonne, beleuchtet werden. Die Luft riecht allmählich feucht, sie fühlt sich kühl an, wenn sie über die Haut streicht. Die Glocken der nahen Paulikirche schlagen. Auf der Aussichtsplattform steht ein Pärchen, nur vom Mond angeleuchtet. Für die Fußballspieler unten am Franzschen Feld reicht das Mondlicht nicht: Sie machen das Flutlicht an. Unweit des Stadions liegt der Skatepark, der von hier oben nur zu ahnen ist. Tagsüber sind dort Kinder mit ihren Laufrädern unterwegs, sie wagen sich die ersten kleinen Rampen runter, zwischen den großen Jungs, die skateboarden oder Basketball spielen. Wer Glück hat, trifft dort vielleicht sogar auf den Basketballstar Dennis Schröder. Der Braunschweiger spielt seit Jahren in der nordamerikanischen Basketball-Profiliga NBA, der besten der Welt. Entdeckt wurde er als Elfjähriger hier im Prinzenpark, als er mit seinen Freunden ein paar Körbe warf. Das macht er heute noch, wenn er auf Heimatbesuch ist.

● Nußberg, Östliches Ringgebiet
● ÖPNV: Bus 413, 418, Haltestelle Nußberg; Bus 418, 422, 423,
Haltestelle Nußbergstraße

Klotzen statt kleckern

26 Domkirche und Burgplatz

Wie kommt man da bloß hinauf? Der siebenarmige Leuchter im Braunschweiger Dom ist fast 5 Meter hoch. Bestückt ist er mit echten Kerzen, die an besonderen Festtagen, wie Weihnachten oder Ostern, auch angezündet werden. Aber wie geht das, bei der Höhe? Mit solchen Fragen werden nur wenige Kirchen konfrontiert, denn der Leuchter ist etwas ganz Besonderes: Vergleichbare Exemplare gibt es nur noch im Essener Münster und im Mailänder Dom, wobei der in Essen nicht mal halb so hoch ist. Man könnte den Leuchter auseinandernehmen: Er besteht aus 77 bronzenen Einzelteilen. Aber ihn zu zerlegen, nur um die Kerzen anzuzünden, wäre etwas zu aufwendig.

Der Leuchter stammt aus dem späten 12. Jahrhundert. Er ist so alt wie der Dom, das älteste erhaltene Gebäude der Stadt. Dabei ist die Bezeichnung Dom eigentlich nicht korrekt. Denn dafür hätte er die Kirche eines Bischofs sein müssen und das war er nie. Immerhin war der Bauherr, der sich hier seine Grablege baute, der mächtigste Mann nach dem Kaiser: Mit Bayern und Sachsen besaß Heinrich der Löwe gleich zwei Herzogtümer, zudem gründete er Städte wie München und Lübeck. Er war sich seiner Macht und Stärke bewusst und wollte diese auch demonstrieren. Klotzen statt Kleckern war angesagt: Mit großem Aufwand ließ er die pfalzähnliche Befestigung errichten, zu der neben dem Dom auch die Burg Dankwarderode und das bronzene Löwenstandbild auf dem Burgplatz gehörten. Vom Wohnbereich der Herzogsfamilie in der Burg führte ein Durchgang direkt in den Dom.

Der Dom und Teile des Inventars, wie der siebenarmige Leuchter, haben die Zeit überdauert. Es sind Schätze, die seit Jahrhunderten bewahrt werden. Das macht den Dom zu einem besonderen Glücksort. Und auch die echten Kerzen, die gelegentlich auf dem Leuchter brennen. Und wie werden diese nun angezündet? Dafür braucht der Domvogt vor allem eine ruhige Hand und ein sehr langes, nach oben gebogenes Stabfeuerzeug.

TIPP

Hunger? Im orientalischen Schnellimbiss Tayba, Vor der Burg 14, gibt es feine Falafel.

● Ev.-luth. Domkirche St. Blasii, Domplatz 5, 38100 Braunschweig, Tel. (05 31) 24 33 50, www.braunschweigerdom.de
● ÖPNV: Straßenbahn 1, 2, 3, 4, 10, Bus 230, 411, 413, 416, 418, 420, 422, 423, 450, 480, 560, 620, 730, Haltestelle Rathaus

Bühne neben dem Pizzaofen

27 Die Pizzeria Riano

„Jungs, bleibt so wie ihr seid!", ruft Arian den drei Jugendlichen zum Abschied zu. Der Frau, die nach Gläsern fragt, sagt er: „Natürlich, Schatzi, du kriegst alles." Jemand bestellt am Telefon Pizza. Arian schreibt alles auf einen Zettel und ruft in den Hörer: „Bis gleich, mein Freund, ciao." Die Bestellzettel werden mehr, die gute Laune, die er verbreitet, auch. Wie immer piekfein gekleidet, im weißen, gut sitzenden Hemd und mit Schürze, läuft er zur Höchstform auf: faltet Pizzakartons, belegt frische Pizzen, holt fertige aus dem Pizzaofen und bestreut sie mit Oregano. Er bewegt sich blitzschnell, wie schnell, wird einem erst klar, wenn man ihn fotografieren will: Er läuft jedes Mal aus dem Bild.

Unterstützt wird Arian von einem oder zwei weiteren Pizzabäckern. Das Team muss gut eingespielt sein, viel Platz haben sie nicht, auf den wenigen Metern zwischen Pizzaofen und Kasse. Dieser Platz ist Arians Bühne. Egal wie voll es ist – und das ist es eigentlich immer –, er nimmt sich bei jedem Zeit für ein paar persönliche Worte. Von vielen kennt er die Namen und die Lieblingspizza. Geht einer seiner Stammkundinnen oder -kunden auf der Straße vorbei, ruft und winkt er durch die offene Tür.

Die Kundschaft weiß das zu schätzen. Unter ihnen sind viele Studierende und junge Familien aus der Nachbarschaft – aber auch Leute von weiter weg. Es hat sich herumgesprochen, dass seine Pizza zu den besten der Stadt gehört. Nur Parkplätze, die gibt es nicht. Und liefern lassen kann man sich die Pizza auch nicht. Die Gäste holen sie selbst ab, nehmen sie mit nach Hause oder essen sie an einer der Handvoll Tische. Wenn sie an warmen Sommertagen mit ihrer Flasche Limo oder Bier in der Hand vor der Tür stehen und auf ihre Bestellung warten, kommen sie oft miteinander ins Gespräch. Die Pizzeria Riano ist im positiven Sinne das, was früher die Eckkneipe war: Hier kommen die Menschen aus dem Viertel zusammen und reden miteinander. Das macht mindestens so glücklich wie die Pizza.

TIPP

Im Frühjahr Verdauungsspaziergang zur Herderstraße, die Zierkirschen blühen in prächtigem Rosa.

● Pizzeria Riano, Alteweiekring 58, 38102 Braunschweig, Tel. (05 31) 48 27 73 06
● ÖPNV: Bus 411, 413, 419, 429, 436, Haltestelle Kastanienallee

Unkompliziertes Familienfest

28 American Football mit den New Yorker Lions

Etwas Nervenkitzel gehört dazu: „Die Taschen am Körper tragen und nicht abstellen und den Blick immer auf das Spielfeld richten", so werden die Fans instruiert. Für sie geht es auf die Sideline, den Spielfeldrand – auf Augenhöhe mit den Spielern und nur ein paar Meter entfernt vom Trainerteam. Der Platz ist tatsächlich etwas riskant: Kurz zuvor sind einige Feldspieler beim Kampf um den Ball unter die wartenden, nur wenige Meter entfernten Teammitglieder gerannt. Da springt man besser schnell zur Seite.

Die New Yorker Lions gehören zu den besten Footballteams in Europa, sie sind Rekordmeister in Deutschland. An der Sideline im Eintracht-Stadion ist man ihnen ganz nah: Man hört, wie die Spieler in ihren mehrere Kilogramm schweren Schutzausrüstungen gegeneinanderkra-

TIPP

Etwa zwei Wochen vor den Heimspielen gibt es Freikarten im Schwimmbad Gliesmarode und bei New Yorker.

chen. Man sieht, wie blitzschnell der Runningback läuft, den Touchdown in der gegnerischen Endzone vor Augen. Und man wundert sich, wie oft sein Weg direkt in den Pulk aus verkeilten Spielern führt. Nein, zimperlich darf man beim American Football nicht sein, zumindest nicht als Spieler. Die VIPs lassen es sich derweil gut gehen: Ihre Logen thronen über der Haupttribüne. Sie können vor verspiegelten Wänden auf Lederpolstern sitzen und an einem Glas Sekt nippen.

Zwei Stunden vor Spielbeginn ist hier alles leer. Bis auf einen Spieler, der nebenan seine Beine mit der Faszienrolle bearbeitet – auf dem Fußboden, zwischen hochgestellten Stühlen. Solche direkten Begegnungen sowie das Zuschauen von der Sideline ermöglicht die Stadionführung Behind the Scenes, für die bei jedem Spiel zehn Karten verkauft werden. Man durchschreitet dabei auch den Löwenkäfig, durch den die Lions später einlaufen werden – unter viel Applaus und zur Musik der Red Hot Chili Peppers.

Die Stimmung während des Spiels ist locker: Eltern lassen ihre Kinder alleine herumlaufen, eigene und Gästefans mischen sich und die Cheerleader sorgen mit Pompons und Akrobatik für gute Stimmung. Schon mal was von Hooligans beim American Football gehört? Eben!

● New Yorker Lions, Eintracht-Stadion
www.newyorker-lions.de
● ÖPNV: Straßenbahn 1, 10, Bus 111, 414, 454, 464 Haltestelle Stadion
(Schwarzer Berg)

Das zweite Zuhause

29 Makery – Café, Bar und Wohnzimmer

So schmeckt nur Kuchen, der selbst gebacken ist: Wer im Makery Omis Apfelkuchen probiert, wird ihm verfallen. Er wird wie alle Kuchen, darunter viele vegane Rezepte, frisch zubereitet, manchmal ist er sogar noch warm. Der Kuchen duftet nach Apfel, knackige Mandelblättchen ergänzen den weichen Teig. Kein Wunder, dass viele Besucher nach der Arbeit noch auf einen Kaffee und ein Stück Kuchen vorbeikommen. Omis Apfelkuchen, das ist der Geschmack der Kindheit, der beiden Schwestern Svenja und Nina Beiersdorf. Das Rezept haben die Gäste der Omi von Svenja und Nina zu verdanken – und das gemütliche Café den beiden selbst. Sie sind hier im Viertel aufgewachsen. Im Mai 2016, zwei Monate nachdem Nina ihre Bachelorarbeit abgegeben hatte, haben sie das Makery eröffnet – in dem schönen Eckhaus, das sie von klein auf kennen und das dank hoher Decken und großer Fenster für feinste Kaffeehausatmosphäre sorgt. Makery kommt vom englischen Wort make, also machen. Und das tun sie: Sie bereiten so viel wie möglich selbst zu: mehrere Kuchen am Tag, Waffeln, Marmelade und Schokocreme fürs Frühstück. Svenja ist eigentlich Grafikdesignerin und hat die Speisekarte liebevoll selbst gestaltet.

Den beiden ist es wichtig, so nachhaltig wie möglich zu arbeiten. Viele Produkte sind fair und bio, die To-go-Verpackungen und die Servietten bestehen aus recyceltem Material. Auch die kreativ-bunte Einrichtung haben sie aus gebrauchten Teilen zusammengestellt. Hier finden alle ihren Lieblingsplatz: auf einem Holzstuhl am Tisch, auf der braunen Ledercouch oder dem lachsfarbenen Sessel. So bunt wie die Einrichtung sind auch die Gäste: An einem normalen Vormittag während der Woche treffen zwei ältere Damen auf eine junge Mutter, die gerade ihr Baby mit Brei füttert, und auf eine Studierendengruppe, die hier frühstückt. Im Makery geht es familiär, persönlich und entspannt zu. Die beiden Schwestern und ihr Team sorgen mit viel Liebe und Herzblut dafür, dass sich ihre Gäste wohlfühlen – und das merkt man.

....

● Makery – Café, Bar, Wohnzimmer, Kuhstraße 35, Karrenführerstraße 4, 38100 Braunschweig,
Tel. (05 31) 28 79 97 89, www.makery-cafe.de
● ÖPNV: Straßenbahn 1, 2, 3, 5, 10, Bus 420, 620, 730, Haltestelle Schloss

Mut zu Farbe und Ornament

30 Elkes Papeterie

Schon allein den Laden zu betreten, macht Spaß. Bevor man die Stufen hochgeht, legt man am besten den Kopf in den Nacken und schaut nach oben: Über der schicken Eichentür steht in schwarzen Buchstaben cross-overdesign. Dazu gesellen sich Blüten und farbige Reflexionen, die bei Sonne die Straße funkeln lassen. Der auffällige Türgriff – das geschmiedete Logo der Designerin – öffnet den Weg in eine zauberhafte Welt des Papiers. Sofern der Nacken mitmacht, lässt man den Kopf noch einen Moment oben und bestaunt den riesigen rot-goldenen Kronleuchter an der Decke, der problemlos mit einem Weihnachtsbaum konkurrieren kann. Die rot-blaue Tapete dahinter steht ihm in Sachen Auffälligkeit in nichts nach: Ihre Ornamente erinnern an einen Sternenhimmel und basieren auf komplexen mathematischen Algo-

TIPP

In der Ecke gibt es einige inhabergeführte Läden mit besonderem Angebot. Augen offen halten!

rithmen. Tapete ist eigentlich nicht das richtige Wort für das, was Produktdesignerin Elke Wagner hier entwirft. Es ist Wandkunst – die man tatsächlich auch als Kunstdruck kaufen kann. Als Grundlage dafür dienen vor allem eigene Naturfotos, die sie verfremdet. Bei einem türkisfarbenen Hirsch mit rotem Hintergrund zum Beispiel, oder bei den Bäumen, die von weiter weg an barocke Muster erinnern.

Ursprünglich war hier im Eckladen des schicken Gründerzeithauses eine Bäckerei untergebracht. Die Brotregale aus den 1950er-Jahren haben es der Designerin sofort angetan: Sie hat sie aufgearbeitet und präsentiert darauf einen Teil ihrer Werke. Es ist genau diese Kombination aus Alt und Neu, die ihr auch sonst am Herzen liegt: Ihr Tapetendesign entsteht am Rechner, ihre anderen Papierwaren sind Handarbeit: die Geschenkanhänger in Engel- oder Hirschform, die Geburtstags- oder Hochzeitskarten, das Geschenkpapier (das viel zu schade ist, um es nach dem Auspacken wegzuwerfen) oder die Notizbücher.

Man könnte noch viel über diesen besonderen Laden und dessen Inhaberin erzählen, aber am besten, man sieht ihn sich selbst an.

● Elkes Papeterie und Crossoverdesign, Gliesmaroder Straße 94,
38106 Braunschweig, Tel. (05 31) 61 71 44 75, www.crossoverdesign.com
● ÖPNV: Straßenbahn 3, Haltestelle Mozartstraße

Butter auf die Stulle

31 Die Manufaktur Das Brot in der Autostadt

Mehl, Wasser, Hefe, Salz – das ist drin im Krustenbrot. Mehr nicht. In der Manufaktur Das Brot in der Wolfsburger Autostadt ist Backen in erster Linie ein Handwerk. Dafür braucht es gute Zutaten, Zeit und Erfahrung. Letzteres mussten sich auch die Bäcker erst erarbeiten. Das Mehl, das sie zum Backen verwenden, ist bio und regional, es wird von der Bohlsener Mühle bei Uelzen geliefert. Die Herausforderung: Beim Backen reagiert jedes Mehl anders. Und es ist ein Unterschied, ob es konventionell oder ökologisch produziert wurde. Die Bäcker probierten also erst mal viel aus, bevor 2012 die Manufaktur Das Brot eröffnete. Der Einsatz hat sich gelohnt: Das Brot duftet nicht nur verführerisch, es schmeckt auch so. Gefragt sind vor allem Krustenbrot, Dinkel-Haselnuss-Brot und Dinkelseelen – eine Art längliche Brötchen mit Kümmel und Salz.

TIPP

Bar The View im Hotel Innside gegenüber dem Bahnhof: Blick über Wolfsburg mit einem Cocktail Moscow Mule.

Der Duft nach frischem Brot macht hungrig. Wer mag, kann gleich hier eine Scheibe essen. Am besten nur mit Sauerrahmbutter bestrichen. In der Brotmanufaktur wird nämlich nicht nur das Gute, sondern auch das Einfache hochgehalten. Während man also an dem großen Tisch, an dem alle gemeinsam sitzen, sein Brot verzehrt, schweift der Blick zu den schicken Holzschränken, die individuell gefertigt und mit aufwendiger Flechtkunst verziert sind. Der Blick geht weiter zum Bäcker, der nebenan, nur durch eine Glasscheibe getrennt, Teig verarbeitet. Neben Brot werden in der Autostadt auch Nudeln und Eis selbst hergestellt. Es gibt diverse Manufakturen und Restaurants auf dem Gelände. Für alle gilt: Das Essen wird mit frischen, biologischen und regionalen Produkten zubereitet. Auch mit vegetarischen und veganen Speisen können die Köche punkten. Eigentlich ist die Autostadt vor allem ein Auslieferungszentrum für Neuwagen. Aber man muss kein Auto bestellen, um die gelungene Mischung aus moderner Gastronomie, Museum und Freizeitpark zu erleben. Fest steht: Die Autostadt ist ein Glücksort für alle, deren Leidenschaft gutes Essen ist.

● Autostadt, Stadtbrücke, 38440 Wolfsburg, Tel. (08 00) 2 88 67 82 38, Restaurantreservierungen: Tel. (08 00) 6 11 66 00, www.autostadt.de
● ÖPNV: RE50, Haltestelle Wolfsburg Hauptbahnhof

Farbenfroh & geschmeidig

32 Die Fische im Naturhistorischen Museum

Ihre Farben ziehen einen als Erstes in den Bann: das kräftige Blau des Doktorfisches oder das intensive Orange des Anemonenfisches. Dazu kommt ihre elegante und geschmeidige Art, sich zu bewegen: Sie gleiten eng aneinander vorbei, ohne zusammenzustoßen. Alles sieht leicht und mühelos aus. Stundenlang könnte man so sitzen und die Fische in den Aquarien des Naturhistorischen Museums beobachten – bis man sich auf einmal selbst ganz leicht fühlt. Insgesamt 18 Aquarien und Terrarien gibt es hier, im abgedunkelten Untergeschoss des Museums. Wenn man so beobachtet, wie sich die Fische bewegen, und vor sich hin träumt, dauert es meist nicht lange und ein Kind kommt herein und ruft Papa oder Mama zu: „Guck mal, hier ist Nemo!" Die kleinen Finger deuten dann auf den orange-weißen Clownfisch, den es aus dem amerikanischen Animationsfilm Findet Nemo kennt. Und eigentlich ist es gut, wenn man aus seinen Träumen gerissen wird. Dann macht man sich auf, noch mehr zu entdecken: den Schrecklichen Pfeilgiftfrosch aus Kolumbien zum Beispiel. Das unauffällige blassgrüne Tier trägt so viel Gift in sich, dass es zehn Menschen töten könnte. Aber nicht alles, was grün ist, ist auch giftig: Der Grüne Baumpython ist es zum Beispiel nicht. Der Körper der Schlange erinnert an eine grüne Banane, ist jedoch deutlich beweglicher: Kunstvoll hat sie sich um einen Ast gewickelt. Auch ein Chamäleon bekommt man hier zu Gesicht. Das Reptil sitzt auf einem Ast und hält sich daran fest. Es bewegt sich langsam, fast meditativ. Mit seiner grün-braunen Farbe ähnelt es einem Blatt und ist damit gut getarnt. Das Naturhistorische Museum ist eines der ältesten Museen der Welt. Es umfasst rund 500.000 Objekte. Zu den Highlights gehören neben den Aquarien auch die Dinosaurier, die teilweise von Mitarbeitenden des Museums bei Grabungen entdeckt wurden. Das Museum ist ein Ort, der einen demütig werden lässt vor dem, was die Natur geschaffen hat.

● Staatliches Naturhistorisches Museum, Pockelsstraße 10, 38106 Braunschweig, Tel. (05 31) 12 25 30 00, www.naturhistorisches-museum.de
● ÖPNV: Bus 419, 429, 433, Haltestelle Pockelsstraße

Norddeutsche Alpen

Das Kletterzentrum am Westbahnhof

Schon von Weitem sieht man den 17 Meter hohen Kletterturm. Er ist geformt wie der kleingeschriebene Buchstabe n und hat viele Ecken und Kanten. Man kann von allen Seiten hochklettern. Der graue Untergrund ist gesprenkelt mit Klettergriffen in Blau, Rot und Gelb. Ein Blickfang, genau wie die Fliegerhalle, mit ihrem gewölbten Dach und der großen Glasfront. Hier trifft man sich bei schlechtem Wetter zum Klettern und Bouldern. Schön ist es geworden, das neue Kletterzentrum: licht, modern und weitläufig.

An diesem sonnigen Spätnachmittag erklimmt Anja den Außenturm. Wenn sie klettert, wirkt das leicht und behände und fast so, als wäre sie in der Vertikalen zu Hause. Einem Eichhörnchen gleich bewegt sie sich Meter für Meter nach oben. Sie hat ein Seil an ihrem Gurt befestigt, das sie in die vorhandenen Haken am Kletterturm einklinkt. Das Seilende hält Kletterpartner Nils und sichert sie damit. Vorstieg nennt sich das, eine Technik für Fortgeschrittene. Anja klettert seit mehr als 20 Jahren. Sie kommt ursprünglich aus Süddeutschland und sagt lachend: „Wir holen die Berge hierher."

TIPP

Die Kinder einfach mitbringen. Auf dem Gelände gibt es eine Slackline, ein Trampolin und Hängematten.

Wer zum ersten Mal klettert, muss sich erst herantasten und Vertrauen aufbauen, dass das Seil hält. Auch für die wenig geforderten Schreibtischmuskeln ist die Tätigkeit gewöhnungsbedürftig. Dabei ist Klettern gerade für diejenigen perfekt, die viel sitzen: Es zählt zu den Sportarten, bei denen am meisten Muskelgruppen genutzt werden. Und dann ist da noch das Hochgefühl, wenn man es geschafft hat. Wenn man sich getraut hat, ganz alleine, und im wahrsten Sinne des Wortes oben angekommen ist. Nils erklärt, dass das Klettern ein kreativer Prozess ist und den Kopf reinigt. Man konzentriert sich auf das Tun: Welche Grifffolge nehme ich? Wo ist der Körperschwerpunkt? Als Mitinhaber der Fliegerhalle muss er es wissen. Er ist nicht nur begeisterter Kletterer, sondern auch diplomierter Designer. Die restaurierte Halle und der Kletterturm tragen seine Handschrift – und zeigen, dass Klettern und Design gut zusammenpassen.

● Kletterzentrum Braunschweig, Westbahnhof 3, 38118 Braunschweig, Tel. (05 31) 22 43 62 29
www.fliegerhalle-bs.de und www.kletterzentrum-westbahnhof.de
● ÖPNV: Straßenbahn 3, 5, Bus 426, Haltestelle Am Jödebrunnen; Bus 423, Haltestelle Westbahnhof

Klostermauern & Kaffeeduft

34 Das Café Kreuzgang in der Brüdernkirche

Stille. Entschleunigung. Der Kreuzgang der Brüdernkirche ist ein meditativer, spiritueller Ort. Er führt in einen paradiesischen Innenhof. Dort wächst ein Feigenbaum, es gibt Rosen, Lavendel und viel Grün. Dazwischen stehen Holztische und -stühle. Sitzt man an einem heißen Sommertag dort, freut man sich über die angenehme Kühle, die die alten Mauern spenden. Es duftet nach Kaffee.

Die Brüdernkirche gehörte einst zu einem Franziskanerkloster, das hier im 13. Jahrhundert gegründet wurde. Das Kloster gibt es nicht mehr. Die katholischen Franziskanermönche haben im Zuge der Reformation die Stadt verlassen. Die Klosterkirche wurde zur Pfarrkirche der St.-Ulrici-Gemeinde (Ulrici ist Latein und wird Ulrizi ausgesprochen), deren ursprüngliches Gotteshaus am Kohlmarkt abgerissen worden war. Heute

TIPP

Passend zum Ort gibt es eine Luthertorte aus Schokolade. Empfehlenswert ist auch der Erdbeerkuchen.

ist sie eine sehr große Pfarrkirche mit einer kleinen Gemeinde. Das Einzugsgebiet war einst das am dichtesten besiedelte Gebiet Braunschweigs, heute gibt es dort viele Geschäfte und nicht mehr viele Bewohner.

Bevor man sich vom Kaffeeduft locken lässt, lohnt ein Abstecher in die Kirche und ein Blick auf das, was aus der Zeit der Franziskaner noch erhalten ist: Neben dem einzigen, frei zugänglichen Kreuzgang der Stadt sind das der Hohe Chor mit dem Relief des Ordensgründers, der Hochaltar und das Chorgestühl.

Das Café im Kreuzgang ist etwa 800 Jahre jünger. Zu verdanken haben wir es dem Theologischen Zentrum der Landeskirche, das auch auf dem ehemaligen Klostergelände untergebracht ist und das die regelmäßigen Ausstellungen in der Kirche um ein Café ergänzen wollte. Es wird von einem inklusiven Team der Evangelischen Stiftung Neuerkerode betrieben und hat in den Sommermonaten von Mai bis September jeweils mittwochs bis sonntags geöffnet. Auch die ursprünglichen Hausherren, die Franziskaner, sollen ein offenes Kloster geführt haben und deshalb bei der Bevölkerung äußerst beliebt gewesen sein. Diese Tradition lebt mit dem Café fort.

● Café Kreuzgang, Kirche St.-Ulrici-Brüdern, Schützenstraße 22 a, 38100 Braunschweig, Tel. (0 15 11) 9 52 85 51
● ÖPNV: Bus 411, 413, 416, 418, 422, 423, 450, 480, 560, Haltestelle Hintern Brüdern

Glaskuppel & Lauch

35 ## Science Slam im Haus der Wissenschaft

Wie, das soll spannend sein? Und witzig? Ausgerechnet mit dem Thema Faserverbundkunststoffe ging Nachwuchswissenschaftlerin Nicola Ganter beim Science Slam ins Rennen – und gewann prompt den ersten Platz. Beim Science Slam treten junge Wissenschaftlerinnen und Wissenschaftler mit Kurzvorträgen gegeneinander an. Ziel ist es, ein fachfremdes Publikum auf witzige und unterhaltsame Art für das eigene Forschungsthema zu begeistern. Der Gewinnerin gelingt das mit Bravour. Die ersten Lacher erntet sie mit ihrer Ausgangsfrage: „Wie muss Rapunzels Haar beschaffen sein, damit der Prinz zu ihr nach oben klettern kann?" Und es geht munter weiter: „Ich habe mal recherchiert, was ein Prinz heute so wiegt." Selbst das Innenleben einer Faser ist bei ihr unterhaltsam. Für starke Verbindungen zeigt sie Bilder muskulöser

TIPP

LaCupola:
gehobene italie-
nische Küche und
tolle Aussicht
über die Stadt im
sechsten Stock
des Gebäudes.

Männer, für die Schwachstelle muss ein Lauch herhalten. Wer einen witzigen und schlauen Vortrag wie diesen hören will, ist im Haus der Wissenschaft richtig. Hier wird mehrmals pro Jahr ein Science Slam veranstaltet. Selbst den bundesweiten Science Slam, der seit 2010 jährlich in Berlin stattfindet, organisieren regelmäßig die Braunschweiger. Ehre, wem Ehre gebührt: Schließlich wurde das Format – angelehnt an den Poetry Slam – in Braunschweig berühmt gemacht. Das Haus der Wissenschaft gibt es seit 2007, als Zusammenschluss von Stadt, Hochschulen, Forschung und Wirtschaft und als bundesweit zweite Einrichtung dieser Art. Vier Jahre später bekam es seine gläserne Kuppel aus Stahl und Glas und wurde auch optisch zum Wissenschaftsturm. Das Ziel: Forschung interessant und zugänglich vermitteln. Neben dem Science Slam sorgen dafür die Radiosendung LOGO – Wissenschaft aus Braunschweig auf NDR Info, die Forschertage für 10- bis 14-Jährige und die die Besserwisser-Artikel, die gemeinsam mit dem Wolfsburger Wissenschaftsmuseum phaeno wöchentlich in der Braunschweiger Zeitung veröffentlicht werden.Und warum gibt es das alles in Braunschweig? Die Region ist eine der forschungsintensivsten in Europa, entsprechend viele Wissenschaftler und Wissenschaftlerinnen leben hier.

● Haus der Wissenschaft, Pockelsstraße 11, 38106 Braunschweig,
Tel. (05 31) 3 91 21 61, www.hausderwissenschaft.org
● ÖPNV: Bus 419, 429, 433, Haltestelle Pockelsstraße

Rendezvous aus Stein & Stahl

36

Die Jakob-Kemenate

Am besten kommt man an einem späten Sommernachmittag. Dann, wenn das grelle Tageslicht gewichen ist und Platz macht für ein sanfteres Licht, das in Szene setzt, was die Architekturkritik begeistert: Die stilvolle Verbindung aus mittelalterlichen Gebäuderesten mit zeitgenössischer Architektur. In der Jakob-Kemenate trifft jahrhundertealter Bruchstein auf moderne Materialien wie Glas und rostenden Cortenstahl. Das Ergebnis beglückt das Auge und wurde mehrfach ausgezeichnet, unter anderem mit dem Niedersächsischen Staatspreis für Architektur.

Nachdem das alte Steingebäude restauriert und erweitert wurde, ist es seit 2006 öffentlich zugänglich. Heute wird es vor allem für Ausstellungen, Lesungen und Musikveranstaltungen genutzt, aber natürlich sind auch Architekturfans willkommen. Die Braunschweiger Kemenaten stammen aus dem Mittelalter, aus dem 13. und frühen 14. Jahrhundert. Es sind Gebäude aus Stein, die man heizen konnte. Das Material stammte vom nahen Nußberg. Die wohlhabende Oberschicht lagerte darin ihren wertvollen Besitz oder Handelsgüter. Der Grund: Im Mittelalter brannte es oft. Allein im 13. Jahrhundert gab es fünf Großbrände in Braunschweig.

TIPP

Lust auf mehr? Dann auf zur Kemenate Hagenbrücke an der Hagenbrücke 5.

Die damals üblichen Fachwerkhäuser aus Holz fingen leicht Feuer und waren deshalb nicht sicher. Wer es sich leisten konnte, baute sich zusätzlich eine steinerne Kemenate. In Braunschweig gab es mal 150 davon, übrig ist keine Handvoll mehr. Die Jakob-Kemenate ist eines der ältesten weltlichen Gebäude der Stadt. Sie wurde im Zweiten Weltkrieg stark beschädigt, doch die dicken Außenwände und die Eichenbalken des denkmalgeschützten Gebäudes sind noch original erhalten. Die unverputzten Wände sehen so aus, wie sie vorgefunden wurden. Neu ist das Dach aus Cortenstahl: Das rostende Material verbindet die alten und die neuen Gebäudeteile. In der Jakob-Kemenate begegnen sich mittelalterliche Geschichte und moderne Klarheit – und beides harmoniert bestens miteinander.

● Jakob-Kemenate, Eiermarkt 1b, 38100 Braunschweig, Tel. (05 31) 1 23 84 50
www.kemenaten-braunschweig.de
● ÖPNV: Bus 411, 413, 416, 418, 422, 423, 450, 480, 560, Haltestelle Altstadtmarkt

Das kleine Mittagsglück

37 Italienisch essen in der Enoteca Al Trullo

Ein wahrer Glücksmensch ist, wer in Italien privat zum Essen eingeladen wird. Dann werden die fantastischsten Speisen aufgetischt, die man sich vorstellen kann: feines Olivenöl – vom Nachbarn selbst gepresst –, saftige Lasagne und süße Mispeln aus dem eigenen Garten, zum Beispiel. Und dazu gibt es eine dicke Portion Herzlichkeit. Nun hat man dieses Vergnügen im Norden Deutschlands eher selten. Es sei denn, man kennt die Enoteca Al Trullo: Die apulische Familie Stanziale eröffnete die Enoteca 2001 in einer eher unscheinbaren Häuserreihe hinter der Petrikirche. Gedacht war sie in erster Linie als Weinladen mit kleinem Bistro. Doch die vorzügliche Küche und die authentische italienische Gastfreundschaft sprachen sich schnell herum. Und so stellten die Inhaber ein paar Tische mehr neben die Weinregale. Ansonsten ist es beim Laden geblieben, unkompliziert und ohne viel Chichi. Weiße Stofftischdecken gibt es hier nicht, aber was ansonsten auf den Tisch kommt, ist hervorragend: Mama Stanziale verwöhnt die Gäste mit Rigatoni mit Kräuterseitlingen und pikanter Salsiccia in Safran-Sahnesoße oder mit Thunfisch-Penne in Zitronen-Olivenölsoße. Den passenden Wein empfiehlt Sohn Enzo, ein gelernter Sommelier. Die Enoteca ist ein Familienbetrieb. Auf der Karte, auf der fast täglich Neues auftaucht, gibt es rund ein Dutzend Gerichte, von Pasta ab 8,50 Euro bis zu Fisch oder Muscheln für knapp 20 Euro. Sohn Enzo Stanziale kennt fast jeden Gast, was man auch daran merkt, dass er viele mit Handschlag begrüßt. Wer schon länger in Braunschweig lebt und gerne gut isst, der dürfte beim Namen Al Trullo ohnehin aufhorchen: So hieß auch das beliebte Restaurant am Hagenmarkt mit gehobener italienischer Küche, das 2006 nach über 20 Jahren zumachte. Tatsächlich wurde es auch von Stanziales betrieben. Mit der Enoteca erfüllte sich die Familie den Wunsch nach angenehmeren Arbeitszeiten: wochentags hat sie am Nachmittag frei, sonntags ganz geschlossen. Doch mittags, da brummt der Laden.

TIPP
Unbedingt reservieren!

....
● Enoteca Al Trullo, Bäckerklint 7, 38100 Braunschweig, Tel. (05 31) 4 81 10 69
www.al-trullo.com
● ÖPNV: Straßenbahn 4, Bus 411, 416, 450, 480, 560, Haltestelle Radeklint

Der Scheich und sein Stuhl

38 Improtheater im KULT

Die Erste sagt: „Ich bin eine Wüste", die Zweite ergänzt: „Ich bin ein Stuhl." Der Dritte muss eine Verbindung zwischen den beiden finden: „Ich bin ein Scheich, der in die Wüste reist und dessen Diener ihm in der Pause einen Stuhl hinstellt." Und los geht's von vorne mit neuen Begriffen. Das ist eins von vielen Spielen der Teilnehmer im Improtheater.

Wer wissen will, warum Improtheater glücklich macht, muss mitspielen, nicht nur zuschauen. Das sagt Thomas Hirche, der selbst auf der Bühne steht, seit er 16 ist. Thomas Hirche ist der Mann hinter der Kleinkunstbühne KULT, zu dem auch das Improtheater gehört. Oder besser: Er ist der Mann davor. Er steht an der Kasse, verkauft Getränke, betreut Gäste und repariert, was kaputt ist. Ganz schön viel für eine Person.

TIPP

Im KULT gibt es Improtheater-Aufführungen und mehrmals im Jahr Workshops für Einsteiger.

Zum Glück kann er seine beiden bisherigen Berufe ganz gut dabei gebrauchen, er arbeitete als Schlosser und Sozialtherapeut. KULT steht für: Kleinkunst, Unterhaltung, Literatur und Theater. Es gibt zwei kleine Bühnen, eine davon ist gleichzeitig das Büro. Man findet sie im Schimmel-Hof, in den Fabrikgebäuden, in denen einst die berühmten Schimmel-Klaviere gebaut wurden. Das Improtheater ist ein fester Bestandteil des KULT – man kann ganz normal zuschauen, wie sonst im Theater auch, oder selbst in einer Gruppe mitspielen.

Es gibt kein Drehbuch, die Stücke entstehen spontan und improvisiert. Viele denken, ihnen würde so schnell nichts einfallen. Doch genau das übt man im Training: Es gibt verschiedene Spiele, bei denen man lernt, aufmerksam zu sein und schnell zu reagieren. Trotzdem: Dass beim Improtheater nicht immer alles klappt, ist vorprogrammiert. Macht nichts. Denn was man auch lernt: Scheiter heiter. Man lacht über seine Fehler und beginnt, das auch im echten Leben zu tun. Improtheater macht sicherer und offener, auch jenseits der Bühne. Es lohnt sich, sich zum Mitmachen zu überwinden!

● Das KULT, das kleinste Theater der Stadt, Hamburger Straße 273, Eingang 2C, 38114 Braunschweig, Tel. (05 31) 7 07 65 47, www.daskult-theater.de
● ÖPNV: Straßenbahn 1, 2, 10, Haltestelle Ludwigstraße

Glück zum Löffeln

39 Die Wolfenbütteler Eismanufaktur

Sie saßen entspannt in ihrem Garten, Christine Borkowski und ihr Mann Jörg. Gerne hätten sie jetzt ein Eis gegessen, eins mit hochwertigen Zutaten, das nicht einfach nur süß schmeckt. Aber das gab es nirgends. Drei Jahre vergingen. Dann, im März 2015, eröffneten sie ihre eigene Eisdiele. Qualität ist ihnen wichtig. Beim Pistazieneis zum Beispiel, das mit Pistazienmus und -pesto zubereitet wird und dadurch wunderbar intensiv schmeckt. Die knackigen Pistazienstücke sind außerdem ein schöner Kontrast zum cremigen Eis. Oder beim Vanilleeis, das aus einem selbst hergestellten Sirup aus echter Bio-Vanille zubereitet wird. Es ist weiß und nicht gelb, Farbstoffe und Aromen kommen hier nicht in die Eismaschine. Für das Zitruseis lassen sich die begeisterten Slow-Food-Anhänger Orangen und Zitronen aus Mallorca liefern, bis zu 90 Kilo. Erst reiben sie die Schale ab – der Geschmack steckt vor allem im Abrieb –, dann pressen sie die Früchte aus. Alles per Hand. Die Sorbets enthalten 60 Prozent Früchte. Gelernt haben die beiden ihr Handwerk an einer Eisfachschule, die ihr Eis aus natürlichen Zutaten herstellt.

TIPP

Der Renner ist das Schmand-Salz-Karamell-Eis. Es soll Kunden geben, die zehn Kugeln auf einmal essen.

Sie probieren gern Neues und so gibt es neben den Klassikern jeden Tag zwei, drei Extrasorten, die auf der Tafel neben dem Tresen angekündigt werden. Heute steht dort Pflaume-Zimt, Bergamotte und Ediths weißer Pfirsich. Edith ist eine Bekannte, deren Baum so viele Pfirsiche trug, dass sie diese nicht mehr alleine verarbeiten konnte. Eismacherin Christine pflückte mit ihr – und hatte die Basis für ihr Pfirsicheis. Oft verarbeitet sie die Ernte aus privaten Gärten: Mirabellen, Zwetschgen und Äpfel beispielsweise, aber auch Tomaten und Gurken. Sorten mit Gemüse oder herzhaften Zutaten wie Apfel-Sellerie oder Birne-Gorgonzola gibt es öfter. Den hohen Anspruch und die Begeisterung der Inhaber für ihr Produkt schmeckt man. Und so reihen sich im Sommer die Wartenden oft bis zum Tor hinaus – um dann glücklich mit ein paar Kugeln Eis im Glasbecher auf der Terrasse zu sitzen.

● Wolfenbütteler Eismanufaktur, Am Alten Schlachthof 2, 38304 Wolfenbüttel, Tel. (0 53 31) 94 65 10, www.eisdiele-wolfenbüttel.de
● ÖPNV: Bus 794, Haltestelle Wolfenbüttel Schlachthof

Oben mit Kribbeln im Bauch

40 Kirchturm St. Andreas

Es ist eine kleine Mutprobe, den Turm der Andreaskirche zu besteigen. Vor allem an windigen Tagen. Auf Infotafeln erfährt man, dass der Turm im Jahr 1551 bei einem schweren Sturm abgestürzt ist. Er war damals extrem schmal und steil gebaut, mit seinen 122 Metern galt er als dritthöchster in Deutschland. Der Sturm sowie ein Blitzeinschlag mit anschließendem Brand hatten zur Folge, dass er heute „nur" noch 93 Meter hoch ist und eine Barockhaube trägt. Der höchste Kirchturm der Stadt ist er aber nach wie vor.

Es geht 374 Stufen nach oben. An dem Tag pfeift der Wind durch die großen Öffnungen und man fragt sich unweigerlich, ob die Baumeister aus den damaligen Erfahrungen gelernt und den Turm stabiler gebaut haben. Beim Aufstieg begleitet einen das gleichmäßige Klack-Klack der Schuhe auf der durchsichtigen Metalltreppe. Wer nicht ganz schwindelfrei ist, richtet den Blick hier besser geradeaus und nicht nach unten. Im Moment ist niemand weiter im Turm. Die Tür zum Hauptschiff ist geschlossen, sodass man die Stimmen aus dem Kirchencafé auf der Empore nicht mehr hören kann. Ein bisschen unheimlich ist das.

Oben angekommen, tritt man auf einer Höhe von 69,4 Metern durch eine niedrige Tür nach draußen. Das Geländer ist durch ein Sicherheitsgitter verstärkt. Der Turmumgang ist eng und für größere Menschen reicht die Höhe nicht, um aufrecht zu stehen. Doch der Rundumblick entschädigt für alles: Der Rathausturm, ein anderer Aussichtspunkt in Braunschweig, liegt deutlich tiefer. Auch die in hellem Orangebraun gestrichene Katharinenkirche erscheint klein. Nur der mit 200 Metern deutlich höhere Turm des Heizkraftwerks Mitte wirkt ebenbürtig. Im Eintracht-Stadion läuft ein Spiel, die Scheinwerfer sind an. Das kann man von hier ebenso gut sehen wie die umliegenden Höhenzüge. Für nur 2 Euro Eintritt liegt einem das alles zu Füßen. Zum engen Turmumgang gibt es eine Alternative: die Turmstube, 15 Stufen weiter oben. Man kann von dort nicht nur nach draußen schauen, sondern bekommt auf Fotos auch erklärt, was man sieht.

TIPP

Turmbesteigung von 15 bis 17 Uhr, von April bis Oktober Mittwoch bis Sonntag, sonst Wochenende.

● Kirche St. Andreas, An der Andreaskirche 6, 38100 Braunschweig, Tel. (05 31) 4 43 58, www.standreas.de
● ÖPNV: Straßenbahn 4, Haltestelle Alte Waage

Bunt ist das neue Grün

41 Gemeinsam gärtnern im Stadtgarten Bebelhof

Dass sich Menschen liebevoll um diesen Ort kümmern, sieht man sofort: an dem mit Stofftüchern verzierten Zaun, an den bunten Patchwork-Kissen auf der Bank vor dem mit Graffiti besprühten Bauwagencafé und an den Hochbeeten – dem Herz des Stadtgartens. 130 mit Erde gefüllte Holzkästen gibt es inzwischen, je 1,20 x 0,80 Meter groß und mit Nummern versehen. Darin wachsen Grünkohl, Petersilie, Mangold, Paprika, Salbei, Möhren oder Zwiebeln. Auch Kartoffeln und Tomaten gibt es. Urban Gardening – Gärtnern ist in der Stadt angekommen.

Wer mithilft, darf auch miternten – das ist die Idee des nichtkommerziellen Mitmachgartens. Es gibt einen festen Stamm Ehrenamtlicher und zusätzlich in der Saison jeden Dienstag ab 17 Uhr eine offene Gruppe, in der sich etwa 20 Teilnehmende um die Hochbeete kümmern. Sie werden von Burkhard Bohne angeleitet, einem erfahrenen Gärtner, der an den Abenden auch über Bio-Anbau informiert, zum Beispiel über Aussaat, Anzucht, Kompost oder Saatgutgewinnung.

TIPP
Fahrrad-Selbst-hilfe-Werkstatt oder Mundraub-tour – die Veranstaltungen im Stadtgarten sind vielfältig.

Auch wer nicht gärtnern mag, ist willkommen, wie die Gruppe älterer Damen oder die Mütter mit Kindern, die sich hier regelmäßig auf einen Kaffee treffen. Einen schönen Platz haben sie sich da ausgesucht, umgeben von Grün und von zwitschernden Vögeln – und das mitten in der Stadt, nicht weit vom Bahnhof entfernt. Zum Grundstück gehört auch eine Wildpflanzenwiese, bestehend aus 50 verschiedenen heimischen Arten wie Baldrian oder Schafgarbe. Das dürfte auch die Bienen freuen, die ihren Standort schon länger hier haben. Da Imkern mindestens so glücklich macht wie Gärtnern, gibt es für die Imkerkurse sogar Wartelisten. Der Stadtgarten ist 2015 aus einem gemeinsamen Workshop mit den Prinzessinnengärten in Berlin entstanden, dem Pionier der Gemeinschaftsgärten. Gärtnern bringt die Menschen zusammen: in diesem Fall Garteninteressierte mit alternativen Ökos, Migrantinnen mit Bewohnern des Stadtteils. Wie Initiatorin Ute Koopman sagt: „Am Ende haben alle dreckige Hände, egal ob Professorin oder Hartz-IV-Empfänger."

● Stadtgarten Bebelhof, Schefflerstraße 34, 38126 Braunschweig
www.stadtgartenbebelhof.de
● ÖPNV: Bus 411, 431, Haltestelle Schefflerstraße

30 Jahre Glück

42 · Das italienische Bistro La Vigna

Es gibt Abende, an denen braucht man etwas, das die Seele streichelt. Etwas, das in jedem Fall und immer guttut. Keine Experimente, sondern einen verlässlichen Wohlfühlort. An so einem Abend geht man am besten ins La Vigna und bestellt beim freundlichen Service ein Glas italienischen Rotwein und hausgemachte Antipasti. Es dauert nicht lange, und man kommt ganz in der gemütlichen Atmosphäre des kleinen Raumes an und beginnt, sich zu entspannen. Auf dem Holztisch flackert eine Kerze, vor den dunkelroten Wänden stehen Regale mit Wein. Vielleicht entfleucht einem noch ein kleiner, genüsslicher Seufzer. Geschafft!

Das La Vigna gibt es seit 30 Jahren. Es ist Weinladen, Bistro und Restaurant zugleich und bietet vorzügliche Qualität zu einem fairen Preis.

TIPP

Besser reservieren!

30 Jahre, das ist eine fast unglaublich lange Zeit in der schnelllebigen Welt der Gastronomie. Die Gäste sind treu, sie wissen zu schätzen, dass das Essen im La Vigna frisch und ohne Zusatzstoffe zubereitet wird, und vor allem, dass es schmeckt: Die wöchentlich wechselnde Karte ist klein, wie es bei guter, frischer Küche oft der Fall ist. Es gibt zum Beispiel Ricotta-Tomaten-Lasagne oder Lammbouletten mit Kartoffel-Sellerie-Stampf und Honig-Thymian-Möhren und zum Nachtisch Himbeer-Amarettini-Törtchen. La Vigna ist Mitglied bei Slow Food, hier kommt nicht nur Hochwertiges, sondern auch viel Saisonales auf den Tisch.

Aber auch, wer einfach nur ein gutes Glas italienischen Wein trinken will, wird sich hier wohlfühlen. Nicht umsonst heißt La Vigna übersetzt: der Weinberg. Wer mag, kann dazu auch Snacks, wie Oliven, Knoblauchbrot oder Tramezzini mit hausgemachten Cremes bestellen. Und wenn man so da sitzt und durch die großen Fenster auf den weinberankten Innenhof blickt, wächst die Vorfreude auf die warmen Sommerabende, an denen man mit einem Glas Prosecco draußen im lauschigen Hof sitzen kann. Wie war das: Glück verdoppelt sich, wenn man es teilt? Im La Vigna kann man Olivenöl, Wein, Sugo oder Cantuccini kaufen und als Geschenk verschicken lassen.

● La Vigna, Italienische Weine & Lebensmittel, Bistro, Restaurant, Ziegenmarkt 3, 38100 Braunschweig, Tel. (05 31) 12 52 13, www.la-vigna.de
● ÖPNV: Straßenbahn 3, 5, Bus 411, 413, 416, 418, 419, 422, 423, 429, 450, 461, 480, 560, 620, Haltestelle Friedrich-Wilhelm-Platz

Mehr Farbe in den Alltag

43

Offener Kunsttreff, Jugendkunstschule buntich

Am besten schaut man den Kindern zu: Sie fangen großflächig in der Mitte an zu malen, mit dem Ergebnis, dass die Proportionen am Ende passen. Die Erwachsenen sind oft zögerlicher. Kein Wunder: Viele haben seit ihrer Schulzeit keinen Pinsel mehr in der Hand gehalten. Die Jugendkunstschule buntich, ein gemeinnütziger Verein, richtet sich zunehmend auch an ältere Zielgruppen. Wie die Kinder und Jugendlichen sollen diese mit Spaß und frei von Leistungsdruck ans Malen herangeführt werden. Zum Beispiel beim wöchentlichen Offenen Kunsttreff, bei dem sich Interessierte jeden Alters als Künstlerin oder Künstler versuchen können, und das für lediglich 5 Euro Materialkosten. Vor allem für Beginnende ist es ein schönes Gefühl, nach dem Kurs zum ersten Mal wieder ein selbst gemaltes Bild mit nach Hause zu nehmen. Etwas zum Anfassen. Irgendwo zwischen den Kinderbildern ist bestimmt noch Platz an der Wand.

TIPP

Die Teilnehmerzahl beim Offenen Kunsttreff ist beschränkt. Vorher anmelden.

Aber noch ist es nicht so weit. Sieben Frauen, ein Mann und drei Kinder haben sich an diesem Montagnachmittag die Malerkittel übergezogen. Vor ihnen liegt ein in Rosa grundiertes Blatt. Auf einem Tisch reihen sich Acrylfarben in Tuben auf, Pinsel in allen Größen stecken in Gläsern. Die Aufgabe für die nächsten eineinhalb Stunden: das Bild La Berge von Henri Matisse abmalen, einen pinkfarbenen Weg neben Bäumen, die sich im Wasser spiegeln. Alles großflächig und stilisiert, verschwommen, so, als würde man es aus der Ferne sehen. Keine leichte Aufgabe. Dabei passt Matisse, dieser Künstler der Moderne, perfekt zur Jugendkunstschule: Es war sein Ideal, mit Kunst zu erreichen, dass sich das Gehirn erholt, wie es auch diese Schule möchte.

Tatsächlich dauert es nicht lange und alle versinken in ihrem Tun, zeichnen mit Bleistift vor, mischen Farbe, wählen die richtige Pinselgröße, malen los – und holen für den Moment das Spielerische, das Leichte zurück in ihr Leben. Matisse hätte sich gefreut, sie zu sehen.

....

● Offener Kunsttreff, Jugendkunstschule buntich e.V., ARTmax,
Frankfurter Straße 3 c, 38122 Braunschweig, Tel. (05 31) 8 17 72
www.buntich-online.de
● ÖPNV: Straßenbahn 3, 5, Bus 461, Haltestelle Luisenstraße

Kleines Kunstwerk Buch

 44 Das Antiquariat Fuhrmann am Burgplatz

Ganz klein und unauffällig lehnt sich das Antiquariat an die mächtige Burg Dankwarderode. Die Dachspitze scheint sich zu strecken, um zumindest auf die Höhe des Burgeingangs zu kommen. Das schafft sie gerade so. Hier, im kleinsten Antiquariat Deutschlands, werden auf gerade mal 8 Quadratmetern alte Bücher angeboten. Das ist weniger Platz als in vielen Kinderzimmern. Aber der ist gut genutzt: Jeder Winkel ist mit Büchern ausgefüllt.

Auf einem Schreibtisch stehen ein kleiner Globus und ein historisches Schiffsmodell. Sie deuten den thematischen Schwerpunkt des Antiquariats an: historische Forschungsreisen. Mit heutigen Pauschalreisen hatten diese wenig gemein, man brach damals zu Expeditionen auf, zum Beispiel nach Afrika, zu den Quellen des Nils. Die Menschen und die Natur werden in den alten Büchern oft sehr genau beschrieben. Und so ist es nur konsequent, dass das Antiquariat auch naturkundliche Werke anbietet.

Mit sicherem Griff zieht Inhaber Jürgen Fuhrmann ein altes Buch über Raupen hervor, um zu zeigen, wie aufwendig es gearbeitet wurde. Das Buch stammt aus dem Jahr 1890 und man findet darin nicht nur detaillierte Illustrationen der Raupen, sondern auch ihrer jeweiligen Futterpflanzen und ihrer Eier. Solche Bücher waren schon wertvoll, als sie noch neu waren. Heute kosten sie schnell mehrere Hundert Euro. Gehandelt werden sie auf Auktionen, die sich oft auf ein Thema spezialisiert haben, beispielsweise: alte Fischbücher. So eines hat der Antiquar auch, und beim Anschauen fallen sofort die prächtigen Farben der Fische auf. Damals wurde intensiv koloriert. Die Bücher sind in einer besonderen Drucktechnik entstanden: der Lithografie. Dieses Verfahren, bei dem jede Farbe einzeln gedruckt wird, war im 19. Jahrhundert üblich.

Egal ob Naturkunde, Forschungsreise oder Stadtgeschichte – für die wunderschönen historischen Bücher ist der Burgplatz mit seinem Kopfsteinpflaster, den alten Mauern und dem hübschen Fachwerk die perfekte Umgebung.

● Antiquariat Fuhrmann, Burgplatz 4, 38100 Braunschweig, Tel. (05 31) 1 48 70
www.antiquariat-fuhrmann.de
● ÖPNV: Straßenbahn 1, 2, 3, 4, 10, Bus 230, 411, 413, 416, 418, 420, 422, 423, 450, 480, 560, 620, 730, Haltestelle Rathaus

Steps unter Linden

45 Outdoor-Training im Prinz-Albrecht-Park

Zugegeben, zwischendurch sehen die Gesichter nicht ganz so nach Glück aus. Eher, sagen wir, angestrengt. Es ist ein sonniger, kalter Samstagvormittag im Prinz-Albrecht-Park. Unter zwei großen Linden auf dem Boden liegen unter anderem Kugelhanteln, Steps, Seile und kleine Reckstangen. Thorsten, der Trainer, hat eine Art Fitnessstudio im Freien aufgebaut. Damit die Teilnehmenden warm werden, scheucht er sie eine kleine Runde durch den Park. Kaum sind sie zurück, kündigt er grinsend an: „Ihr macht jetzt so lange Kniebeugen, bis ich meine Runde gelaufen bin" und trabt los – extra langsam. Ein paar Hampelmänner und einen Sprint später beginnt das eigentliche Training. Aus den mitgebrachten Lautsprechern tönt Musik. Ein aufgestelltes Tablet zeigt die Zeit an. 40 Sekunden sind es pro Übung und die können lang sein. Zum Beispiel, wenn man aus dem Stand in die Grätsche auf zwei rechts und links aufgestellte Steps hochspringt. Oder wenn man beim Rope Drummer zwei lange, schwere Seile zum Schwingen bringt. Die 20 Sekunden Pause zwischen den Stationen sind jedenfalls sehr willkommen. „Let's go", feuert uns Thorsten immer wieder an: bei den Kniebeugen mit einer Art Sandsack auf der Schulter, der Bulgarian Bag, beim Stemmen eines Gummirohrs mit Griffen, der ViPR (ausgesprochen: Weiper), und beim Russian Twist, bei dem man sitzend mit angezogenen Knien und Gewichtsscheiben in den Händen nach rechts und links rotiert. „Keiner quatscht, das ist ein Zeichen für ein gutes Training", kommentiert Thorsten grinsend. Das Gewicht für die Übungen wählt jeder selbst. Das Ganze heißt Functional Workout und ist ein effektives Ganzkörpertraining für jedes Fitnesslevel und jedes Alter. Am Ende spürt man alle Muskeln. Und nicht nur die: Man fühlt, wie der durchgewärmte Körper der kühlen Luft trotzt, man riecht die Feuchtigkeit und fühlt die Erde an den Händen. Beim Dehnen am Schluss strecken alle die Arme nach oben und blicken in den Himmel. Verschwitzt, dreckig – und glücklich.

TIPP

Joggen geht natürlich auch: auf der 2,2 Kilometer langen Finnenbahn – bequem auf Holzschnitzeln.

● J.F. Sports, Ebertallee (Höhe Bushaltestelle Nußberg), 38104 Braunschweig, Tel. (01 60) 95 50 28 16, www.jf-sports.de
● ÖPNV: Bus 413, 418, Haltestelle Nußberg

Italien in der Nachbarstadt

46 Trattoria und Ristorante Tarallo

Von Braunschweig aus ist es nicht weit nach Italien. Das größte italienische Dorf nördlich der Alpen ist nur 30 Kilometer entfernt: Wolfsburg. Von den 125.000 Einwohnern der Stadt besitzen immerhin 5500 einen italienischen Pass – italienische Wurzeln haben noch viele mehr. Die Italiener kamen ab 1962 nach Wolfsburg, um in La Fabrica zu arbeiten, dem Volkswagenwerk. Authentisches italienisches Alltagsleben findet man noch in den Bars Azzuri und Trinacria in der Heßlinger Straße 7 und 9 in der Nähe des Hauptbahnhofs.

Auch die Väter von Rosalinda Maugeri Greco aus Sizilien und Francesco Greco aus Apulien arbeiteten im Werk, wie das Volkswagenwerk hier nur heißt. Sie selbst lernten sich in der Nachbarstadt kennen und eröffneten 2009 die Trattoria Tarallo. Nun kann man Wolfsburg ohnehin um die Zahl und das Niveau seiner italienischen Restaurants beneiden – das Tarallo ist jedoch ein besonderer Glücksfall. Hier stimmt alles: der charmante und professionelle Service, das großartige Essen und das heimelige Ambiente im Fachwerkhaus im alten Wolfsburger Stadtteil Vorsfelde. Nach dem Essen bietet sich ein Bummel durch den Ortskern mit seinen bunt bemalten Fachwerkhäusern an. Auf einem von ihnen, in der Lange Straße 38, steht seit Generationen ein bewohntes Storchennest. Vielleicht hat man Glück und bekommt einen Storch zu sehen.

TIPP

Ein Spaziergang im Naturschutzgebiet Drömling nebenan, mit Moorwiesen und seltenen Tieren wie Bibern.

Vorher lädt Francesco Greco zu einem Besuch in sein Reich: Der Küchenchef der Trattoria Tarallo will zeigen, worauf es bei perfekten Spaghetti aglio e olio ankommt: viel Olivenöl nämlich und Knoblauch, der nur hellbraun angebraten wird, „parfümiert", wie er sagt. Erst am Ende kommen die Peperoncini dazu. Das Tarallo ist Trattoria und Restaurant zugleich: Es gibt hier genauso bodenständige, preiswerte wie raffinierte, teure Gerichte, die Pizza Margherita für 7,50 Euro oder die gegrillte Fischplatte für 35 Euro. Ziel des Kochs: „Jeder soll glücklich und zufrieden aus dieser Tür gehen." Unbedingt reservieren.

● Trattoria Tarallo, Meinstraße 14, 38448 Wolfsburg, Tel. (0 53 63) 97 53 75
● ÖPNV: Bus 201, 203, Haltestelle Wolfsburg-Vorsfelde Petruskirche

Leicht & filigran

47 1950er-Jahre-Architektur: Finanzamt Braunschweig

Das Finanzamt? Ein Glücksort? Die meisten Menschen dürften eher froh sein, wenn sie einen Bogen darum machen können. Dabei lohnt es sich, die Steuererklärung persönlich abzugeben und sich dabei den schicken 1950er-Jahre-Bau anzusehen. Der Komplex wurde 1957 gebaut und besteht aus den beiden öffentlichen Gebäuden Wilhelmstraße 3 und 4, die durch einen Flachbau miteinander verbunden sind. Typisch für die 1950er-Jahre ist das ausladende Flugdach vor dem Eingang zur Wilhelmstraße 3. Es ist eines der wenigen fliegenden Vordächer, die es in der Stadt noch gibt und die typisch für die neue Leichtigkeit der Nachkriegsmoderne sind: dünn, von zarten Stützen getragen und leicht nach oben ragend. Sehenswert sind auch die großzügig gestalteten Treppenhäuser der beiden Gebäude mit ihren eleganten Geländern aus feingliedrigen Metallstäben und den kontrastierenden Kunststoffhandläufen.

TIPP

Zur Stärkung gibt es vorzügliche indische Küche im Restaurant Gandhi, Schöppenstedter Straße 32.

In Braunschweig stehen nur wenige typische Gebäude der Nachkriegsmoderne. Das hätte man anders erwartet bei einer Innenstadt, die im Zweiten Weltkrieg zu 90 Prozent zerstört wurde. Schließlich mussten viele Gebäude in der Nachkriegszeit wieder aufgebaut werden. Da Wohnungen jedoch nach dem Krieg knapp waren, wurden diese oft schnell und preiswert hochgezogen. Für architektonische Schönheit war wenig Raum.

Die typische transparente Leichtigkeit der Nachkriegsmoderne kann man heute vor allem an öffentlichen Gebäuden sehen, da diese hochwertiger gebaut wurden.

Alternativ können Architekturfans in das 21. Jahrhundert spazieren und sich eine der modernsten Jugendherbergen Norddeutschlands ansehen, wenige Gehminuten entfernt in der Wendenstraße 30. Eine gläserne Gebäudebrücke verbindet das dreieckige Haupthaus mit den dahinterliegenden Speise- und Tagungsräumen. Die Häuser sind hell und modern, mit grünen Akzenten auf der Fassade. Architektur kann auch heute noch schön sein.

● Finanzamt Braunschweig Wilhelmstraße, Wilhelmstraße 4, 38100 Braunschweig
● ÖPNV: Straßenbahn 1, 2, 3, 4, 10, Bus 230, 411, 413, 416, 418, 420, 422, 423, 450, 480, 560, 620, 730, Haltestelle Rathaus

Kaufmannsladen in Pastell

48 Das Spielzeugmuseum im Schloss Salder

Womit haben wir früher gespielt? Und unsere Eltern? Spielsachen haben sich im Laufe der Zeit immer wieder verändert, doch eins ist geblieben: das Kuscheltier. Es begleitete uns wie ein treuer Freund durch unsere Kindheit und war immer an unserer Seite, egal, welche Höhen und Tiefen wir erlebten. Ihm konnten wir alles erzählen und es spendete beim Kuscheln automatisch Trost.

Bei vielen war dieses Kuscheltier ein Teddy. Den ersten Plüschbären mit beweglichen Armen und Beinen brachte 1902 die Spielwarenfirma Steiff heraus. Er eroberte die Welt: Allein 1907 produzierte das Unternehmen 974.000 Teddys. Die hochwertigen Kuscheltiere mit dem berühmten Knopf im Ohr gibt es bis heute.

Wie Teddys früher aussahen, kann man sich in der Dauerausstellung Geschichte der Kindheit im Schloss Salder ansehen – und noch viel mehr spannende Spielsachen aus den vergangenen 200 Jahren: eine Arche Noah mit handbemalten Tieren, Autos aus lackiertem Blech oder Modelleisenbahnen. Besonders schön ist der mintfarbene Kaufmannsladen aus den 1950er-Jahren, sorgfältig eingerichtet mit Kondensmilch, Limo und Scheuerpulver. Und der aufwendig gearbeitete Puppenherd von 1900, in dessen tassengroßen Töpfen man wirklich kochen kann. Dann gibt es noch die Puppenstube aus dem Jahr 1870 mit Spitzenvorhängen, stoffbezogenen Stühlen und goldgerahmtem Porzellan. Beeindruckend, diese Liebe zum Detail! Puppenstuben wurden früher ausschließlich für wohlhabende Bürger und Adelige von einem Schreiner angefertigt. Das prächtigste Miniaturhaus wurde in den 1920er-Jahren für das englische Königshaus gebaut – und kann noch heute im Schloss Windsor besichtigt werden. Es ist extrem klein, nur etwa 1,50 Meter groß und beherbergt Minigemälde, Rolls-Royce-Modelle und winzige Champagnerflaschen. Schloss Windsor muss bis zum nächsten Urlaub warten, Schloss Salder nur bis zum nächsten Wochenende. Der Eintritt ist kostenlos.

TIPP

Ruine Burg Lichtenberg im Salzgitter Höhenzug. Vom Turm aus kann man bis Braunschweig schauen.

● Dauerausstellung Geschichte der Kindheit, Museum Schloss Salder, Museumstraße 34, 38229 Salzgitter, Tel. (0 53 41) 8 39 46 19
www.salzgitter.de/kultur/museum/kinderwelt.php
● ÖPNV: Bus 612, 613, Haltestelle Salzgitter-Salder Museumstraße

Gemüse ganz groß

49 Essen im Bistro Der kleine Vegetarier

Manchmal ändern sich Pläne. So wie an diesem Tag: Eigentlich sollte es lediglich ein kleines Mittagessen werden, im kleinen Vegetarier. Bei einem netten Plausch mit dem Chef wurde daraus ein Menü mit drei Gängen. Richard Liedtke kümmert sich rührend um seine Gäste – und er weiß, wie man ihnen Appetit macht: Er öffnet die Topfdeckel und beschreibt seine Gerichte so begeistert, dass der Magen sofort anfängt zu knurren. Die Wahl fällt auf indische Linsensuppe als Vorspeise. Sie ist angenehm würzig, mit leichter Schärfe. Es folgen gebratene Zucchini und Auberginen mit gratiniertem Ziegenkäse, dazu Thymian-Röstkartoffeln mit Kräuterquark. Schmeckt alles prima und passt erstaunlich gut zusammen. Die Kartoffeln stammen vom Lindenhof – einem Bio-Hof am nahe gelegenen Elm. Rund 60 Prozent der Ware im kleinen Vegetarier ist in Bio-Qualität, wie zum Beispiel die Äpfel, Möhren und Rote Bete im frisch gepressten Multivitaminsaft. Dem Chef ist es ohne Chemie lieber, ist schließlich gesünder. Deshalb gibt es auch kein Fleisch.

Mit dieser Vorliebe ist der Inhaber nicht allein: Er hat viel Stammbesuch. Manche rufen beim Reinkommen einfach nur „wie immer" Richtung Theke. Eine Kundin nimmt beim Bezahlen eine Tüte selbst gemachter, veganer Heidesandkekse mit. Nachmittags gibt es auch Kuchen. Liedtkes Schwester hilft beim Backen. Ihr gehörte Der kleine Vegetarier früher, 2012 übernahm der Bruder. Als gelernter Kfz-Mechaniker hatte er beruflich zwar nichts mit Gastronomie zu tun, aber er kochte immer schon gerne und mit Liebe. Das schmeckt man. Dass das Innere des Bistros mit der Wand in gelber Wischtechnik vielleicht nicht den neuesten urbanen Trends entspricht – geschenkt.

Und weil das Essen hier wirklich glücklich macht, gibt es auch noch ein Dessert: Löffelbiskuits mit Mascarpone-Quark-Creme, Kirschgrütze und weißer Schokolade. Lecker! Und günstig: Ein Menü kostet nur 10 Euro. Satt und glücklich geht's nach Hause.

TIPP

Sehr guten Mittagstisch gibt es auch im Bistro des Guten-Morgen-Bioladens, Hagenbrücke 1–2.

● Bistro Der kleine Vegetarier, Auguststraße 15–16, 38100 Braunschweig, Tel. (05 31) 61 80 02 22, www.der-kleine-vegetarier-bs.de
● ÖPNV: Straßenbahn 1, 2, 10, Bus 419, 420, 429, 461, 620, 730, Haltestelle John-F.-Kennedy-Platz

Satire in Dosen

50 Kultur- und Kommunikationszentrum Brunsviga

Hartmut El Kurdi blickt in den Zuschauerraum. Gerade hat er ausführlich über die verwandtschaftlichen Beziehungen zwischen Deutschland und dem englischen Königshaus referiert – angefangen im 18. Jahrhundert. „Ich bin dankbar, dass Sie sich so interessieren und nicht gehen oder sich gelangweilt abwenden", bemerkt er schmunzelnd. Gespannt lauschen die Zuhörer auch seinen Erfahrungen als Kind bei den Zeugen Jehovas: In deren Artikeln, so erzählt er, sei es zum Beispiel um die Gefahren der Masturbation gegangen – ähnlich wie in der Pop Rocky, die er damals las.

Die satirische Lesung des Autors Hartmut El Kurdi hat Tradition im Kultur- und Kommunikationszentrum Brunsviga, das auch für ihn ein Glücksort sein dürfte. Er ist jedes Jahr beim Satirefest dabei. Hier war er immer willkommen – auch als ihm 2007 der damalige Oberbürgermeister der Stadt, Gert Hoffmann, ein faktisches Auftrittsverbot erteilte. Dieser sah sich durch El Kurdis Texte und dessen Verweise auf Hoffmans frühere NPD-Mitgliedschaft persönlich angegriffen. Als Bürgermeister wies er die Mitarbeiter der Verwaltung an, nicht an Veranstaltungen des Autors teilzunehmen – und kassierte dafür zu Recht eine Rüge des Deutschen Kulturrats. El Kurdi, der als Kulturschaffender auf öffentliche Gelder angewiesen war, zog nach Hannover.

Auch die Brunsviga hatte es nicht immer leicht bei der Stadt. 13 Jahre dauerte es von den ersten Plänen bis zum Start des Kulturzentrums. Der Name Brunsviga stammt von der Konservenfabrik, die an diesem Standort bis Ende der 1970er-Jahre produzierte. Braunschweig war Anfang des 20. Jahrhunderts Zentrum der Konservenindustrie in Deutschland. Im Kulturzentrum gibt es noch eine Dose mit einem Etikett der Konservenfabrik Brunsviga, die auf der Baustelle auftauchte. Auf dem Etikett sind Erbsen, Möhren und Spargel abgebildet. Schön bunt. Und das ist die Brunsviga bis heute.

TIPP

Einfach mitmachen! Beim Rudelsingen, Malen oder dem jährlichen Musical der Brunsviga.

● Kultur- und Kommunikationszentrum Brunsviga, Karlstraße 35,
38106 Braunschweig, Tel. (05 31) 23 80 40, www.brunsviga-kulturzentrum.de
● ÖPNV: Straßenbahn 3, Haltestelle Mozartstraße

Duft nach Limone & Beere

51

Die Kaffee-Fabrik

Besucher sollten offen für Neues sein. Dann werden sie Kaffee hier ganz anders zu schätzen lernen. Was vielen nicht klar sein dürfte: Kaffee kann bis zu 1000 verschiedene Aromen entfalten, Wein lediglich 500. Wer lieber ungestört seinen gewohnten Cappuccino trinken will – womöglich mit Zucker –, wird in der Kaffee-Fabrik nicht glücklich. Zucker gibt es nämlich nicht. Und den braucht man auch nicht, findet Inhaber Michael Jäger. Zucker diene dazu, den Geschmack von bitterem Kaffee auszugleichen. Bitter werde er, wenn die Bohnen zu stark geröstet sind – was in der Kaffee-Fabrik nicht vorkommt. Michael Jäger röstet selbst und er ist Perfektionist.

In dem kleinen Café sitzt man hinter hohen Fenstern auf Hockern mit Polstern aus Kaffeesäcken. Viel Zeit bleibt nicht, um nach dem Eintreten die Einrichtung auf sich wirken zu lassen. Es gilt, Antworten auf Fragen zu finden, die man sich vermutlich noch nie gestellt hat: „Lieber klassischen oder fruchtigen Kaffee?", „Lieber fruchtig-süß oder fruchtig-sauer?" Die Wahl fällt auf Red Ruby, einen milden und fruchtigen Filterkaffee, der in der Glaskaraffe serviert wird. Die Mitarbeiterin erklärt, dass er ruhig abkühlen dürfe, der Geschmack nach Beeren werde dabei sogar noch intensiver.

Hier im historischen Ambiente einer Fabrik, in der einst Konserven hergestellt wurden, wird seit 2014 Third Wave Coffee zelebriert. Das bedeutet, dass die Kaffeebauern fair bezahlt werden. Außerdem werden die Bohnen heller geröstet. Sie sind dadurch frei von Brandspuren und Bitterstoffen und besitzen ausgeprägte Fruchtaromen. Eine freundliche Mitarbeiterin öffnet zwei der Behälter, in denen die Bohnen lagern, und lässt die Gäste daran schnuppern. Die ersten Bohnen riechen eher beerig, die anderen nach Limone. Auch für nichtgeübte Nasen ist der Unterschied auffällig. Der Kaffee schmeckt großartig. Die Lust auf Neues sollte man sich beibehalten, das Angebot ändert sich öfter.

TIPP

Hochwertiger und direkt gehandelter Kaffee aus Äthiopien: Kaffee-Zeremonie, Am Magnitor 12.

● Kaffee-Fabrik, Marienstraße 34, 38104 Braunschweig, Tel. (05 31) 88 92 93 33
www.kaffee-fabrik.de
● ÖPNV: Bus 413, Haltestelle Hartgerstraße

Zu Besuch bei Lessing

 52 Der Dom- und Magnifriedhof

Das Paar bleibt am Grabstein stehen. Beide schauen sich das Relief an. Es zeigt die Seitenansicht eines Mannes mit Pferdeschwanz. In goldenen Buchstaben steht darunter: Gotth. Ephr. Lessing. Ja, es ist DER Lessing, der hier auf dem Magnifriedhof begraben liegt. Der Dramatiker ist 1781 in Braunschweig gestorben. Das Wichtigste, das er gelehrt hat, ist Toleranz. Bei seinen Zeitgenossen kam das nicht gut an: Lessing war unbeliebt und als Kirchenkritiker verrufen. Nur 20 Menschen sollen dabei gewesen sein, als er beerdigt wurde, sein Grab galt lange Zeit als verschollen. Zum Glück weiß man seine Arbeit inzwischen zu schätzen. Nicht ohne Grund werden Stücke wie Nathan der Weise oder Emilia Galotti nach wie vor im Theater aufgeführt. Der Grabstein, der heute an ihn erinnert, wurde erst rund 100 Jahre nach seinem Tod vom Hoftheater aufgestellt. Sein Grab ist ein Ort, an dem wir innehalten und eines großen Geistes gedenken können, das Paar ist dafür eigens aus Bremen gekommen.

Der Dom- und Magnifriedhof ist noch aus einem anderen Grund etwas Besonderes: wegen seiner Natur. Der Friedhof entstand vor mehr als 300 Jahren. Damals wurden aus Platz- und Hygienegründen 16 Begräbnisstätten vor die Tore der Stadt ausgelagert. Darunter auch der Dom- und der Magnifriedhof, die zu der Zeit noch getrennt waren. Später entstand daraus der parkartige Landschaftsgarten mit gewundenen Wegen und gewollt unregelmäßiger Bepflanzung, den wir heute kennen. Die alten Bäume ragen hoch in den Himmel und spenden Schatten. Viele Grabsteine sind verwittert, mit Grünbelag überzogen oder mit Efeu berankt. An einigen Stellen stehen Grabmale und Bäume so dicht, als wären sie eins geworden. Alljährlich im Frühjahr besuchen die Braunschweiger den Friedhof, um sich die blauen Blüten der seltenen Scilla, ausgesprochen Szilla, anzusehen – und lauschen dabei dem Konzert der Vögel. Der Friedhof ist ein wertvolles Stück Natur, inmitten einer urbanen Umgebung.

....

● Dom- und St. Magnifriedhof, Eingang Ottmerstraße (Magnifriedhof) oder Gerstäckerstraße (Domfriedhof)
● ÖPNV: Straßenbahn 4, 5, Bus 411, 419, 429, 436, Haltestelle St. Leonhard (Stadthalle)

161 Stufen zum Glück

53 Blick vom Rathausturm

Beim Treppenlauf oder Towerrunning ist das Ziel, die Treppen eines Turms oder Hochhauses möglichst schnell hochzusprinten. Dabei kommt man ordentlich ins Schwitzen, die Muskeln leisten Schwerstarbeit. Etwas gemächlicher kann man es als Besucher des Rathausturms angehen lassen: Man muss die 161 Treppenstufen zwar ebenfalls zu Fuß überwinden, aber keiner misst dabei die Zeit. Apropos Zeit: Auf halber Strecke kann man eine Pause einlegen und die alte Turmuhr von 1899 ansehen. Die fortschrittliche Technik machte es möglich, dass die Uhr nur noch einmal pro Woche aufgezogen werden musste – statt, wie zuvor üblich, einmal pro Tag. Das wussten die Uhren-Aufzieher damals bestimmt zu schätzen. Ob sie sich auch die Zeit genommen haben, ganz nach oben zu steigen und den fantastischen Rundblick über die Stadt zu genießen? Vermutlich nicht. Dabei haben sie wirklich etwas verpasst: Bei gutem Wetter reicht die Sicht bis in den Harz und zum höchsten Berg dort, dem Brocken.

Gut sehen kann man auch die 4 Meter hohe Bronzefigur auf dem Turm des ehemaligen Wasserwerks im Bürgerpark, den Türmer – und damit ebenfalls jemanden, der weiß, was Treppensteigen heißt: Er hatte im Mittelalter die Aufgabe, von oben Ausschau nach möglichen Feuern oder fremden Truppen zu halten.

Vom Rathausturm sieht man auch die Schlossarkaden, ein lange Zeit umstrittenes Einkaufszentrum aus dem Jahre 2007, dem die rekonstruierten, überwiegend spätklassizistischen Fassaden des ehemaligen Stadtschlosses vorgesetzt wurden. Auch einige Originalteile aus dem 19. Jahrhundert wurden dabei verbaut, vor allem am Haupteingang und an den Säulen. Das kann man von hier oben gut erkennen: Alles, was dunkler ist, stammt vom alten Schloss, das im Krieg schwer beschädigt und schließlich 1960 ganz abgerissen wurde.

Der Aufstieg zum Rathausturm ist kostenlos, man muss sich dafür lediglich beim Pförtner melden. Das geht wochentags von 9 bis 15 Uhr, wenn nicht gerade eine Sitzung stattfindet. Wer den Aufstieg regelmäßig bewältigt, ist sicher bald fit für einen Treppenlauf.

TIPP

Alles blinkt und funkelt: abendliche Stadtführung vom Rathausturm während des Weihnachtsmarkts.

● Rathaus, Platz der deutschen Einheit 1, 38100 Braunschweig, Tel. (05 31) 4 70 22 26 (Pforte), www.braunschweig.de/rathausturm
● ÖPNV: Straßenbahn 1, 2, 3, 4, 10, Bus 230, 411, 413, 416, 418, 420, 422, 423, 450, 480, 560, 620, 730, Haltestelle Rathaus

Jeder ist Künstler

54 Keramik selbst bemalen in der Keramik Kitchen

Die Keramik Kitchen ist ein Ort der Kreativität, das sieht man auf den ersten Blick. Die Räume sind liebevoll und gekonnt dekoriert: die rosa Kirschblütenzweige in der farblich passenden Keramikvase in Altrosa, das Regal mit in Grau und Pastelltönen bemalten Keramikbechern in allen Größen, von denen ein paar mit Kakteen bepflanzt sind. Im Hintergrund läuft leise Musik. Es riecht nach Kaffee. Kurz: ein Wohlfühlort. „Ich bin nicht kreativ", diesen Satz hört Inhaberin Anika Knittel Insalata oft und sie weiß, dass trotzdem alle in kürzester Zeit in ihrem Tun aufgehen. Ideen kann man sich in Ordnern mit verschiedenen Motiven holen. Gar nicht so einfach. „Sich zu entscheiden, ist das Schwierigste", sagt die Tischnachbarin. Die Möglichkeiten sind endlos: Allein die Auswahl an Keramikrohlingen – verschiedene Becher, Schalen und Teller, Bilderrahmen oder Retrodosen mit Deckel. Man kann sie frei bemalen oder es sich leichter machen, indem man einfach Sticker benutzt, mit Schablonen Ornamente oder Kreise vormalt oder von einer Vorlage Eulen oder Elche abpaust. Ungeübten empfiehlt Anika gerne Siebdruck. Damit bekommt man selbst filigrane Figuren perfekt hin. Die Entscheidung fällt auf eine Vase mit Hirschen. Als Erstes trägt man die Farbe mit einem breiten Pinsel auf dem Rohling auf, drei Schichten insgesamt.

Als die Farbe trocken ist, rührt Katja, eine der Mitarbeiterinnen, die Siebdruckpaste an. Sie hilft, die Schablone festzuhalten, während die Paste mit den Fingern eingearbeitet wird. Zum Glück ist hier immer jemand, um zu helfen oder Fragen zu beantworten. Fertig. Noch sind die Keramikfarben pastellig-matt. Erst wenn das Team der Keramik Kitchen sie in Glasur getaucht und bei über 1000 Grad gebrannt hat, werden sie intensiv und glänzend. Nächste Woche ist die Vase fertig und bereit zum Abholen. Ein wirklicher Glücksmoment, wie die Inhaberin sagt. Dann wird einem bewusst, was man Schönes geschaffen hat.

TIPP

Mehr Dynamik? Beim Action Painting wird die Farbe auch auf die Leinwand gespritzt oder geschleudert.

● Keramik Kitchen, Varrentrappstraße 3, 38114 Braunschweig, Tel. (05 31) 12 27 91 02
www.keramikkitchen.de
● ÖPNV: Bus 416, 480, Haltestelle Varrentrappstraße

Schatzhaus der Bücher

55 Die Herzog August Bibliothek in Wolfenbüttel

Betritt man die Augusteerhalle der berühmten Herzog August Bibliothek in Wolfenbüttel, fällt einem sofort der ungewöhnliche Geruch auf. Hier werden alte Bücher gelagert. Die 1572 gegründete Bibliothek war einst die größte der Welt. Das ist vor allem Herzog August zu verdanken: Bis zu seinem Tod im Jahre 1666 hat der gebildete und weit gereiste Herzog 35.000 Bände gesammelt. Das klingt in heutigen Zeiten nicht viel. Zum Vergleich: Im Mittelalter, also ungefähr bis zum Jahr 1500, besaß ein Kloster gerade mal etwa 20 handgeschriebene Bücher. Hier in der Halle, dem Kern der alten Bibliotheca Augusta, lagert etwa die Hälfte des damaligen Bestandes. Der Geruch könnte von den Büchern stammen – bis ins 15. Jahrhundert wurde für die Seiten Pergament verwendet, also Tierhaut, meist von Ziegen oder Schafen.

TIPP

Vorab einen Termin für eine Führung vereinbaren. Diese sind tagsüber kostenlos.

Damals wurde die umfangreiche Sammlung als achtes Weltwunder bezeichnet. Tatsächlich kann die Bibliothek mit noch mehr Superlativen aufwarten: Sie beherbergt eines der teuersten Bücher der Welt, das Evangeliar Heinrichs des Löwen. 1983 wurde das Buch aus dem 12. Jahrhundert für 32,5 Millionen Mark ersteigert. Um das Original zu schonen, wird es nur alle zwei Jahre ausgestellt. Und auch berühmte Namen kann die Bibliothek bieten: Der Dichter Gotthold Ephraim Lessing war rund zehn Jahre lang ihr hauptamtlicher Bibliothekar.

Zu einem Ort, an dem man sich gern aufhält, wurde die Bibliothek erst durch den Umbau in den 1960er-Jahren: Aus dem abgeschlossenen Prachtbau im wilhelminischen Stil wurde ein offenes und zugängliches Gebäude, das auch für Architekturinteressierte unbedingt sehenswert ist. Die Augusteerhalle steht mit ihren prunkvollen Säulen und der bemalten Gewölbedecke im Mittelpunkt. Sie wurde durch eine transparente und leichte Moderne ergänzt, zu der elegante Galerien, Wendeltreppen und leuchtende Bücherwände gehören. Sie stellen das Wichtigste in den Vordergrund: die Bücher.

● Herzog August Bibliothek, Lessingplatz 1, 38304 Wolfenbüttel, Tel. (0 53 31) 80 80
www.hab.de
● ÖPNV: Bus 604, 607, 790, 794, Haltestelle Wolfenbüttel Schlossplatz

Very british, indeed

56 Picknick vor Schloss Richmond

Die Briten haben den Picknickkorb mit Decke und Geschirr erfunden und das Essen unter freiem Himmel kultiviert. Gepicknickt wird gerne in gehobenen Schichten und verbunden mit gesellschaftlich wichtigen Anlässen, wie dem Pferderennen in Ascot. Ist gerade kein Pferderennen in Sicht oder alternativ zumindest ein Tennisturnier, wählt der Brite, der etwas auf sich hält, für das Picknick zumindest eine Grünfläche an einem Schloss oder einem plätschernden Fluss. Klar, dass die Herrschaften sich in Braunschweig das Schloss Richmond aussuchen würden. Hier gibt es alles, was man für ein stilvolles Mahl im Freien braucht: ein idyllisches, kleines Schloss, das – gesäumt von Baumgruppen – auf einer Erhöhung im Grünen liegt und an dessen Fuße die Oker fließt.

TIPP

Das Kennel-Bad. Der schöne Natursee mit Sandstrand und Bar ist nur wenige Minuten Fußweg entfernt.

Während man also an seinem Gurkensandwich kaut und ab und zu einen Schluck kühlen Weißwein trinkt, wandern die Gedanken zur ehemaligen Hausherrin des Schlosses. Der Anfangsbuchstabe ihres Namens ist an dem wunderschönen, im Rokokostil gehaltenen Eingangstor und an den Laternen rund um das Schloss zu finden: A für Augusta. Die englische Prinzessin Augusta heiratete 1764 den späteren Braunschweiger Herzog Karl Wilhelm Ferdinand. Doch in Braunschweig vermisste sie ihre Heimat. Kein Wunder: Augusta ist in einer der schönsten Gegenden Englands aufgewachsen, in Richmond, einem besonders wohlhabenden und grünen Stadtteil im Südwesten Londons. Und so holte sie sich ihr Richmond nach Niedersachsen: 1768/69 ließ sie das anmutige kleine Schloss bauen und benannte es nach ihrer Heimat. Vorbild für den Park war der britische Richmond-Park, geplant hat beide der renommierte britische Gartenarchitekt Lancelot Brown. So kommt es, dass in Braunschweig mit dem Richmond-Park einer der ersten englischen Landschaftsgärten entstand, mit verschlungenen Wegen und überraschenden Blicken. Regelmäßige Schlossführungen gibt es über die Touristinfo: www.braunschweig.de/touristinfo.

● Schloss Richmond, Wolfenbütteler Straße 55, 38124 Braunschweig
www.braunschweig.de/richmond
● ÖPNV: Straßenbahn 1, 2, Bus 420, Haltestelle Richmondweg

Wer bin ich?

57 Das Till-Eulenspiegel-Museum

Wir kennen ihn aus unserer Kindheit: Till Eulenspiegel, mit seiner lustigen Kappe mit den Zipfeln und den kleinen Schellen. Ihm saß der Schalk im Nacken und er spielte lustige, aber harmlose Streiche. Doch das ist nicht die ganze Wahrheit. Was die meisten nicht über ihn wissen: Till Eulensiegel war auch ein Bösewicht, der Tiere quälte und sich lustig machte über Kranke, Alte und Beeinträchtigte. Das Till-Eulenspiegel-Museum, sein Museum, macht es besser: Es ist schwellenfrei, zeigt Texte auch in Blindenschrift und richtet sich an alle Menschen von drei bis 103 Jahren. In der modernen, gut gemachten Ausstellung kann man Skulpturen, Bilder und einen Film sehen, Geschichten hören und sogar Puppentheater spielen. Als Erstes sollte man in der Eingangshalle den Tisch mit dem Zerrbild ansteuern. Wer erkennt, was darauf abgebildet ist? 90 Prozent der Kinder schaffen es, aber nur 10 Prozent der Erwachsenen. Die Ausstellung regt auch sonst an, den eigenen Blick zu überprüfen und sich selbst zu hinterfragen: mit Spiegeln zum Beispiel, in denen man sich aus verschiedenen Winkeln betrachten kann.

Neu dürfte für viele sein, dass die Geschichten von Till Eulenspiegel nicht nur in Kinderzimmern auftauchen, sondern auch auf Germanistenkongressen. Vor 500 Jahren wurden sie erstmals aufgeschrieben. Sie sind Bestseller und in viele Sprachen übersetzt. Heute kommen Besucher aus Neuseeland, Japan und Australien nach Schöppenstedt.

Till Eulenspiegel soll im nahen Kneitlingen am Elm geboren worden sein. Tatsächlich kann man bis heute nicht beweisen, dass es ihn wirklich gegeben hat. Im Gegensatz zu einem anderen Elm-Export, dem Sänger Bosse: In einem Interview verriet dieser aus seiner Kindheit, dass seine Großtante eine Gaststätte neben dem Till-Eulenspiegel-Museum betrieben hatte. Wenn ein Bus mit Museumsbesuchern kam, lockte er sie in die Gaststätte. Er behauptete einfach: „Hier gibt es den besten Kuchen." Auch ein Schalk, aber ein sympathischer.

TIPP

Eulen und Meerkatzen erinnern in Braunschweig an den Narren. Eulenspiegel-Brunnen, Bäckerklint 1.

● Till-Eulenspiegel-Museum, Nordstraße 4 a, 38170 Schöppenstedt, Tel. (0 53 32) 61 58, www.eulenspiegel-museum.de
● ÖPNV: Bus 372, 731, 732, 733, 746, 747, 748, 752, Haltestelle Schöppenstedt Elmstraße, Schöppenstedt Markt oder Schöppenstedt Schulen

Fluffig, cremig – glücklich

58

Buntes Eiweißmandelgebäck von Bon Macaron

Einkaufen kann richtig Spaß machen. Dann nämlich, wenn man Brot, Käse oder Blumen vom Wochenmarkt holt. Am besten hält man sich dafür den Donnerstagnachmittag frei, bis 18 Uhr kann man im östlichen Ringgebiet über den Markt am Stadtpark schlendern – den schönsten Wochenmarkt in Braunschweig. Hier gibt es viel Grün, Kopfsteinpflaster und ein buntes Publikum. Wer hungrig ist, gönnt sich eine Portion selbst hergestellter Pasta mit Käse-Birnen-Füllung und Steinpilzpesto und hinterher einen Espresso. Schleckermäuler werden sich besonders freuen, wenn sie den kleinen Handkarren mit der fröhlich rot-weiß gestreiften Markise entdecken, der zu Bon Macaron gehört. Jennifer und Sebastian Wirth haben darin schon mal einige Monate lang ihre feinen Macarons verkauft – fluffiges Eiweißmandelgebäck mit Cremefüllung. Dann reichte die Zeit neben Job und Kindern nicht mehr zum Backen. Dem Kindergartenplatz sei Dank dürfen sich die Braunschweiger jetzt wieder über die bunte Spezialität freuen.

An Macarons können sich ambitionierte Hobbybäcker austoben. Es gilt viel zu beachten: Der Zuckersirup für den Teig muss genau 118 Grad haben, bevor man ihn langsam zur Mandelmehl-Eiweiß-Mischung gibt. Nur wenn die Konsistenz der Creme stimmt, bleibt das Gebäck fluffig. Jennifer und Sebastian tüftelten drei Jahre lang an den Rezepten. Macarons sind eigentlich quietschbunt, das macht die Lebensmittelfarbe. Den beiden ist es lieber ohne Zusatzstoffe und in Bio-Qualität. So experimentierten sie beim Färben unter anderem mit Matcha-Tee, Spirulina-Algen oder gefriergetrocknetem Rote-Beete-Pulver. Das Ergebnis sind Sorten wie Himbeere, Vanille, Pistazie, Schokolade oder Ziegenkäse mit Walnuss. Macarons herzustellen bedeutet viel Handarbeit: Der Teig wird mit einem Dressierbeutel im 90-Grad-Winkel auf spezielle Bleche aufgebracht, später wird jedes Gebäckstück einzeln mit Creme gefüllt. Den Einsatz schmeckt man.

TIPP

Käse, Tomaten und Brötchen auf dem Markt kaufen – und in einem der angrenzenden Parks picknicken.

● Bon Macaron, Wochenmarkt am Stadtpark, Herzogin-Elisabeth-Straße, 38104 Braunschweig, www.braunschweig.de/wochenmaerkte
● ÖPNV: Bus 418, 422, 423, Haltestelle Stadtpark

Lesen, Limo, Liegestuhl

59 Die Strandbar Okercabana im Bürgerpark

Manchmal versteckt sich das Glück in einem Sandkorn. Es wird erst sichtbar, wenn sich viele Sandkörner an einer Stelle treffen und wenn sie das Licht so stark reflektieren, dass man eine Sonnenbrille benötigt. Dann braucht man kein Meer, es reicht die Oker, um sich sofort urlaubsentspannt zu fühlen. So wie in der Strandbar Okercabana im Bürgerpark, mit feinstem Sand auf 5000 Quadratmetern. In den gräbt man die nackten Füße, sobald man mit einer kühlen Limo im Liegestuhl sitzt. Man spürt, wie die vielen kleinen Körnchen an den Füßen kitzeln und das Glück einen durchströmt. Abends, zu Hause, kehrt der glückliche Moment noch einmal zurück, während man die übrig gebliebenen Sandkörner beobachtet, die aus den Sandalen kullern.

Vielleicht hat man die Sandkörner aber auch in der Oker versenkt, beim Stand-Up-Paddling. Die Boards, die man dafür braucht, kann man ebenfalls in der Okercabana ausleihen und damit majestätisch übers Wasser gleiten. Das Paddeln auf dem wackeligen Brett macht Spaß und stärkt nebenbei die vernachlässigten Schulter-, Rücken- und Bauchmuskeln.

TIPP

Klassik im Park: Einmal im Jahr spielt das Staatsorchester Braunschweig kostenlos im Bürgerpark.

Wer lieber den Geist anstelle des Körpers trainiert, kann das im Bürgerpark auch tun. Es gibt viele ruhige Ecken zum Lesen. Der Park ist immerhin 42 Hektar und damit fast 60 Fußballfelder groß. Am schönsten vom Buch aufblicken kann man an einer besonderen Stelle über der Oker: dort, wo der Fluß sich in die Umflutgräben teilt, die dann die Innenstadt umarmen. Dieser malerische Platz befindet sich hinter dem alten Portikus, dessen Säulen ursprünglich als Vorbau zu einer Kaserne gehörten und heute im Bürgerpark stehen. Hier, ein Stück südöstlich der Okercabana, setzt man sich auf eine der Bänke, bei denen man den Portikus im Rücken hat, und genießt den erhabenen Okerblick.

Vor einigen Jahren hat sich eine Gruppe von Braunschweiger Architekten mit der Zukunft des Bürgerparks befasst und vorgeschlagen, eine Autostraße quer dadurch zu bauen. Die Idee wurde vehement abgelehnt – Autos braucht hier niemand.

● Okercabana, Werkstättenweg im Bürgerpark zwischen VW-Halle und Harz- und Heide-Gelände, 38122 Braunschweig, Beachclub und SUP: Tel. (05 31) 80 19 61 11, Floß und Boot: Tel. (05 31) 22 43 45 10, www.okercabana.de
● ÖPNV: Bus 413, 419, 429, Haltestelle Theodor-Heuss-Straße

Audienz im Morgenmantel

60 Schloss und Schlossmuseum Wolfenbüttel

Mal angenommen, man liegt gerade zu Hause im Bett und es kommt Besuch. Eher peinlich, oder? Und wenn der Besuch dann auch noch adelig ist? Oje, das will man sich gar nicht ausmalen. Anton Ulrich, Herzog zu Braunschweig und Lüneburg, sah das anders. Zu seinen Glücksorten gehörte das Paradeschlafzimmer im Schloss Wolfenbüttel, im heutigen Schlossmuseum. Es ist ein prächtiger Raum mit Himmelbett, goldenem Damast und korinthischen Pilastern. Der Herzog nutzte das Bett nicht zum Schlafen, wie man hätte vermuten können. Es diente einzig dazu, hochrangige Gäste zu empfangen, gerne im Morgenmantel, um eine intime Atmosphäre zu schaffen. Was uns heute eher unangenehm wäre, war damals gewollt. Und es war der ganze Stolz des Herzogs: Nur die Könige in Paris, London und Berlin hatten zu jener Zeit ein goldenes Bett für ihre Audienzen.

TIPP

Unbedingt das anschauliche, moderne Bürgermuseum besuchen. Der Eintritt ist frei.

Dennoch würden wir unseren Glücksort heute vermutlich woanders finden: nämlich in dem wunderschönen Innenhof des Barockschlosses, auf der Holzbank unter der prächtigen Linde. Von italienisch anmutenden Arkaden umgeben, kann man von dort aus das intensive Rot bewundern, in dem das Schloss gestrichen ist. Als sich die Denkmalpfleger Mitte der 1990er-Jahre für diese kräftige Farbe statt für das bisherige Grau entschieden, war der Aufschrei zunächst groß. Das Wahrzeichen der Stadt, ihr Schloss, sollte rot gestrichen werden? Tatsächlich war das die Farbe, die es auch bei seinem Umbau vor rund 300 Jahren, im Zeitalter des Barock, bekam – und sie steht ihm gut. Ansonsten ist das Schloss mehr Schein als Sein, wie es typisch für die Zeit war: So sind einige Fenster nur aufgemalt und das Gebäude ist mit einer Fachwerkfassade ummantelt. Mit Holzbalken zu bauen, galt damals als Zeichen von Armut – so wurde das Fachwerk überstrichen und quasi unsichtbar gemacht. Insgesamt 600 Fachwerkhäuser gibt es noch in Wolfenbüttel, die meisten schlicht und klein. Groß und repräsentativ sind dagegen die Fachwerkhäuser in der Reichsstraße, nahe dem Kornmarkt. Dort haben die früheren Hofbeamten gewohnt.

● Schlossmuseum Wolfenbüttel, Schlossplatz 13, 38304 Wolfenbüttel, Tel. (0 53 31) 9 24 60, www.schlosswolfenbuettel.de
● ÖPNV: Bus 604, 607, 790, 794, Haltestelle Wolfenbüttel Schlossplatz

Flugkünstler & Räucherfisch

61 Das Naturschutzgebiet Riddagshausen

Allein die prächtigen Farben: Die Große Königslibelle zeigt sich in leuchtendem Himmelblau und Apfelgrün. Doch so schön diese Libellenart auch ist, vor allem die Männchen verstehen keinen Spaß, wenn Konkurrenten in ihrem Revier auftauchen. Dann erwarten die Zuschauer spannende Verfolgungsjagden, denn Libellen sind wahre Flugkünstler, die mit ihren vier Flügeln sogar rückwärtsfliegen können. Vom Steg über dem kleinen Tümpel kann man sie wunderbar beobachten. Die Libellenstation ist die erste von insgesamt zehn auf dem 7 Kilometer langen Naturerlebnispfad. Man kann zum Beispiel Amphibien, Pilze und Bäume näher kennenlernen. Das geht am besten bei einem Spaziergang. Es sei denn, man bleibt bei den Libellen hängen. Dafür gibt es einen guten Grund: den Holztisch unter der knorrigen, alten Eiche, der wie geschaffen für ein schönes Picknick ist.

TIPP

Klein, aber fein: Im Haus Entenfang warten spannende Infos über das Naturschutzgebiet.

Dann kommt man eben einfach ein weiteres Mal, denn es gibt noch einiges zu sehen im Naturschutzgebiet: Auf einer Fläche von 526 Hektar, das entspricht 737 Fußballfeldern, tummeln sich neben 32 Libellenarten viele weitere Insekten, Frösche, seltene Vögel wie Zwergtaucher oder Rohrweihe und allein 700 Pflanzenarten.

Das Naturschutzgebiet Riddagshausen ist eines der ältesten in Deutschland und besteht seit 1936. Zisterziensermönche haben an der Stelle das sumpfige Gebiet entwässert und insgesamt 28 Fischteiche angelegt, von denen noch elf existieren. Die größten davon sind der Schapenbruch-, Mittel- und Kreuzteich. Riddagshäuser Süßwasserfische gibt es noch heute: Bei der Fischerei Lübbe, zwischen Schapenbruch- und Mittelteich, kann man frische oder geräucherte Fische kaufen. Eine gute Idee, denn die Teichwirtschaft ist die umweltfreundlichste Art der Fischerei. Am beliebtesten ist der fettarme Karpfen, aber es gibt beispielsweise auch Schleie oder Zander. Übrigens: In knackigen Wintern wird der Kreuzteich für die Menschen freigegeben – zum Schlittschuhlaufen.

● Naturschutzgebiet Riddagshausen
www.braunschweig.de/naturschutzgebiet-riddagshausen
● ÖPNV: Bus 418, Haltestelle Nehrkornweg; Bus 413, 418, Haltestelle Kreuzteich;
Straßenbahn 3, Bus 230, 417, 427, 437, 464, Haltestelle Moorhüttenweg
(zur Libellenstation jeweils noch 25 Minuten Fußweg)

Mut zum Hut

62 Handgemachtes im Raum23

Es ist schon einige Jahre her, als ich mit einer Freundin den Raum23 von Margret Porwoll besuche. Ich bin auf der Suche nach einem Sonnenhut. Was mir auffällt, ist die angenehme Beratung. Es geht nicht um schnelllebige Trends, sondern darum, herauszufinden, was wirklich zu mir passt. Ich lerne: Kopfbedeckungen dienen einem Schmuck- oder Schutzbedürfnis. Wer seinen Kopf schützen will – sei es vor brennender Sonne oder klirrender Kälte – ist bei Margret Porwoll genauso richtig wie jemand, der für eine Hochzeit oder das nächste Pferderennen einen auffälligen Hut mit Glamour sucht. Die Preisspanne reicht von der einfachen Mütze für 27 Euro bis zum extravaganten Hut für 250 Euro.

Margret Porwoll ist seit 18 Jahren Modistin. Sie gehört damit zu den wenigen Menschen in Deutschland, die Hüte selbst anfertigen. Schon als Kind landen Stoffreste oder Knöpfe bei ihr. Sie fertigt daraus Hüte und Kleider für ihre Puppen. Jahre später folgt eine dreijährige Ausbildung zur Modistin in Hamburg.

Inzwischen stellt sie in ihrem Laden hilfreiche Fragen wie: „Welche Farben tragen Sie im Sommer?", „Wollen Sie ans Meer oder nur in den Garten?". Und manchmal schlägt sie ein Modell vor, einfach weil sie findet, das könnte zu ihrer Kundschaft passen. Dann sagt sie höflich: „Das würde ich gerne an Ihnen sehen."

Sie gibt den Menschen, die ihr Geschäft betreten, Raum – der Name Raum23 ist bewusst gewählt. Sie sagt: „Mir ist es wichtig, wie ich mit Menschen umgehe, wie das beim anderen ankommt, was ich sage." Das merkt man und deshalb ist der Raum23 ein Glücksort. Beschwingt verlasse ich das Geschäft. Im Gepäck einen schicken Sonnenhut mit vergleichsweise kleiner Krempe, den man problemlos im Koffer ans Meer transportieren und dem Wind aussetzen kann.

● raum23kopfbedeckungen Margret Porwoll, Ritterstraße 23, 38100 Braunschweig, Tel. (05 31) 4 44 66, www.raum23kopfbedeckungen.com
● ÖPNV: Straßenbahn 4, 5, Haltestelle Am Magnitor

Wald statt Berlin

63 Mountainbiken im Elm

„Das war die schönste Zeit / Weil alles dort begann." Das singt Axel Bosse im Refrain von *Schönste Zeit* – das Lied, mit dem er 2013 den großen Durchbruch als Musiker schaffte. Für ihn begann alles in dem kleinen Dorf Hemkenrode am Elm. Dort ist er aufgewachsen und dazu passt auch die nächste Songzeile: „Und Berlin war wie New York / Ein meilenweit entfernter Ort." Geschrieben hat Bosse das in seiner damaligen Lieblingskneipe Wegwarte auf dem Rittergut Lucklum, keine 4 Kilometer von seinem Zuhause in Hemkenrode entfernt. Er war 17, als er nach Berlin zog. Damals musste er raus. Liest man heute Interviews von ihm, merkt man, wie sehr er seine Heimat schätzt. Bei einem Ausflug in den Elm lässt sich das gut nachvollziehen. Der Elm ist ein 25 Kilometer langer und bis zu 8 Kilometer breiter Höhenzug und der größte zusammenhängende Buchenwald Norddeutschlands. Seinen Zauber entfaltet er vor allem im Herbst, dann, wenn manche der Buchenblätter noch grün sind, manche gelb und manche schon hellbraun und wenn die Sonne durch die Blätter blinzelt. Es gibt hier viele naturbelassene Wege. Lange fehlten Tourenbeschreibungen. Dann kam der Ingenieur Thomas Kempernolte und arbeitete in seiner Freizeit verschiedene Routen aus – zum Wandern, Fahrradfahren und Mountainbiken. Das Ergebnis ist eine Website voll mit Inspirationen (siehe unten). Zum Beispiel die 31 Kilometer lange Mountainbike-Rundtour Trails am Eilumer Horn. Sie startet am Rittergut Lucklum und führt zu einigen der schönsten Ecken, die der Elm zu bieten hat: am Elmrand entlang, vorbei an Pferdekoppeln und Obstbäumen mit Blick auf die Dörfer und auf den höchsten Punkt, das Eilumer Horn auf 323 Metern. Insgesamt überwindet man 660 Höhenmeter. Es schadet also nicht, etwas Kondition mitzubringen. Technisch kommen auch Einsteiger mit wenig Mountainbike-Erfahrung gut klar. Ja, Berlin ist hier ein meilenweit entfernter Ort. Aber an den glücklichen Gesichtern der Mountainbiker kann man ablesen, dass gerade niemand die Großstadt vermisst.

● Elm, www.elm-freizeit.de
● ÖPNV: Bus 730, Haltestelle Lucklum Mühlenstraße

Glück zum Ziehen

64 Die Kunstautomaten TAT-O-MAT

Ganz schön bunte Ecke für einen Zigarettenautomaten, denkt man beim ersten flüchtigen Hinsehen. Doch auch für diejenigen, die nicht rauchen, lohnt sich ein zweiter Blick. In den drei Braunschweiger Kunstautomaten TAT-O-MAT stecken statt Zigaretten kleine Kunstwerke: Leuchtstiftporträts, Gedichthefte, Buttons, Braunschweigfotos – alles, was sich in einer knapp 9 x 6 Zentimeter großen Schachtel unterbringen lässt. Und da geht viel: Sogar einen USB-Stick mit einer Klangcollage oder einen Termin für eine Performance gab es schon.

2001 stellten Studentinnen der Hochschule für Bildende Künste (HBK) den ersten Kunstautomaten auf, um darin ihre Comics aus dem Studium zu verkaufen. Einige von ihnen schlossen sich später unter dem Namen Tatendrang-Design als Illustratorinnen zusammen. Sie kauften noch mehr ausgediente Zigarettenautomaten, verteilten diese im Stadtgebiet und füllten sie mit Kunst. 4 Euro kostet das kleine Glück.

TIPP

Kräftig ziehen, damit die Fächer am TAT-O-MATen auch aufgehen.

Heute bestücken Roberta Bergmann, Meike Töpperwien und Tonia Wiatrowski von Tatendrang-Design die Kunstautomaten regelmäßig neu mit den Werken von rund 40 Künstlern aus der Region. Darunter sind Studierende der HBK, Illustratorinnen, Bildhauer, Fotografinnen und Poeten. Während es in den Automaten am Kleinen Haus des Staatstheaters, Magnitorwall 18, eine bunte Mischung gibt, wird der Automat an der Städtischen Galerie, Hamburger Straße 267, oft zusätzlich mit Werken der aktuellen Aussteller bestückt. Neu ist der Kunstautomat im Café Bruns, Südstraße 14. Er enthält unter anderem Arbeiten vom Bund der Bildenden Künstlerinnen und Künstler.

Wofür man sich auch entscheidet: In jedem der Kunstautomaten findet man nicht nur besondere Geschenke für andere – auch nach Ladenschluss und an Feiertagen, man kann sich damit selbst ebenfalls eine Freude machen.

● Kunstautomat TAT-O-MAT, z. B. Café Bruns, Südstraße 14, 38100 Braunschweig
● ÖPNV: Bus 411, 413, 416, 418, 419, 422, 423, 429, 450, 461, 480, 620,
Straßenbahn 3, 5, Haltestelle Friedrich-Wilhelm-Platz

Power-Seerose

65

Der Botanische Garten

Ein Spaziergang im Botanischen Garten ist ein Fest für die Sinne: Vögel zwitschern, Lavendel duftet, ein Oleander zeigt stolz seine rosafarbenen Blüten. Insgesamt 4000 Pflanzenarten gibt es hier, 1,5 Prozent dessen, was weltweit wächst. Auch, wer sich weniger für Pflanzen interessiert und sich nur erholen will, ist in dem 1840 angelegten und öffentlich zugänglichen Garten gut aufgehoben. Am besten setzt man sich auf eine der vielen Bänke, die über das Gelände verteilt sind, unter der ausladenden Blutbuche zum Beispiel oder direkt an der Oker. Dort, am Wasser, sitzt man am schönsten: Man kann zuschauen, wie die Blätter auf dem langsam fließenden Fluss bedächtig vorbeiziehen, und dabei wunderbar in Gedanken versinken. Die Stadt ist hier weit weg, obwohl man mittendrin ist.

TIPP

Es gibt regelmäßig kostenlose Führungen im Botanischen Garten.

Wer mehr Trubel braucht, sollte an einem der Victoriaabende im August vorbeikommen: Dann ist der Botanische Garten an zwei Tagen ausnahmsweise bis 22 Uhr geöffnet und Hunderte von Menschen kommen, um die Blüte der legendären, nach der englischen Königin benannten Victoria-Seerose zu sehen. Die Blüte öffnet sich nur abends für wenige Stunden. In der ersten Nacht blüht sie weiß, in der nächsten rosa. Wann genau es so weit ist, ist nicht jedes Jahr gleich. Deshalb wird der Termin vorab auf der Website des Botanischen Gartens und über die Presse bekannt gegeben.

Adel verpflichtet und so hat die Victoria-Seerose im Sommer 2018 mit dem neuen Gewächshaus ein angemessenes Zuhause bekommen. Dort ist es so heiß wie in ihrer eigentlichen Heimat in Südamerika: Ein deutscher Botaniker hatte die Pflanze 1801 in einer Lagune nahe des Amazonas entdeckt. Vermutlich war er, so wie wir, von den enormen Blättern der Riesenseerose beeindruckt. Diese können bis zu 2 Meter groß werden und dank ihres kräftigen Stützgewebes bis zu 35 Kilo tragen. Dass sie das schaffen, beweisen sie regelmäßig an den Victoriaabenden: Dann ziehen die kleinen Besucher ihre Schuhe aus und stehen geduldig Schlange, bis ein Mitarbeiter sie auf eines der Blätter hebt.

● Botanischer Garten, Humboldtstraße 1, 38106 Braunschweig, Tel. (05 31) 3 91 58 89
www.tu-braunschweig.de/ifp/garten
● ÖPNV: Straßenbahn 3, Haltestelle Botanischer Garten

Bei den reichen Kaufleuten

66

Die Loggia im Altstadtrathaus

Wer in Braunschweig lebt, kennt den Altstadtmarkt. Den schönsten Blick auf diesen Platz aber, den kennen viele nicht. Oder vielmehr: Sie wissen nicht, dass er frei zugänglich ist. Gemeint ist die Loggia im ersten Stock des Altstadtrathauses. Man erreicht sie über das Städtische Museum, das in dem Gebäude untergebracht ist. Der Eintritt ins Museum ist frei.

Von der Loggia aus blickt man quasi direkt ins Mittelalter. Einst lebten in diesem Stadtteil die reichste Einwohnerschaft Braunschweigs – entsprechend prächtig statteten sie ihren Wohnort und ihre Kirche St. Martini aus. Schon vor über 800 Jahren hat die Bevölkerung auf dem Altstadtmarkt ihre Lebensmittel eingekauft. Er ist der älteste Wochenmarkt der Stadt. Heute bekommt man hier Brot, Äpfel oder Blumen immer Mittwoch- und Samstagvormittag. Ende des 17. und im 18. Jahrhundert wurden auf dem Altstadt- und auf dem nahen Kohlmarkt sogar Messen abgehalten: Zweimal im Jahr boten internationale Händler jeweils zehn Tage lang ihre Waren an. Die Kaufleute reisten aus Hamburg, Lübeck und Berlin und sogar aus Italien, England und Frankreich an. Sie verkauften Gewürze, Kaffee, Schmuck und Textilien wie Leinen, Wolle und Seide. Solche Messen gab es damals sonst nur in Frankfurt und Leipzig. Noch heute befindet sich an einem Pfeiler des Altstadtrathauses die Braunschweiger Elle, an der kontrolliert wurde, ob die Tuchhändler richtig gemessen hatten.

Im Altstadtrathaus hatten lange Zeit die reichen Kaufleute das Sagen. Dem gemeinen Volk war der Zutritt verwehrt. Heute steht das historische Gebäude jedem Menschen offen. Man kann die Loggia besuchen oder sich über die Geschichte der Stadt informieren. Als die Dauerausstellung im Juni 2002 aus finanziellen Gründen geschlossen wurde, setzte sich die Bewohnerschaft der Stadt für ihren Erhalt ein. Mit Erfolg: Ein knappes Jahr später war Neueröffnung. Heute stellen über 100 Ehrenamtliche sicher, dass das Museum sechs Tage die Woche geöffnet ist – für alle!

TIPP

Nicht verpassen: das alte Braunschweig als Modell im Eingang des Museums.

....

● Städtisches Museum im Altstadtrathaus, Altstadtmarkt 7, 38100 Braunschweig, Tel. (05 31) 4 70-45 51, www.braunschweig.de/museum
● ÖPNV: Bus 411, 413, 416, 418, 422, 423, 450, 480, 560, Haltestelle Altstadtmarkt

Durch Grün oder zum Strand

67 Kanufahren auf der Oker

Das Kanu gleitet über das Wasser, die Sonne kitzelt im Gesicht. Die Fahrt führt östlich der Innenstadt an baumbewachsenen Ufern entlang, hinter denen stattliche Gründerzeitvillen aufragen, vorbei am Theaterpark und am Botanischen Garten. Hier ist die schönste Strecke. Wer nicht umtragen will, dreht mit dem Kanu oder Kajak am Wendenwehr. Wem es nichts ausmacht, das Boot am Wendenwehr einige Hundert Meter und zudem später am Petriwehr ein paar Schritte zu tragen, kann in 2,5 bis 3 Stunden die komplette Innenstadt auf dem Wasser umrunden.

Die Oker entspringt bei Altenau im Harz und teilt sich im Süden Braunschweigs in zwei Wasserarme, die den alten Stadtkern umschließen: die Umflutgräben. Diese waren im Mittelalter Teil der Stadtbefestigung und sollten vor Plünderungen schützen. Heute sind die meisten Plündernden friedlich und fallen höchstens über das Frühstück oder die gegrillten Würstchen her, die sie bei Floßtouren auf der Oker bekommen – und brav bezahlen. Mit der Floßfahrt haben sie sich für die gemütlichere Alternative entschieden.

Die Kanutour verlangt etwas mehr Einsatz, vor allem, wenn es ins Umland geht. Das lohnt sich aber unbedingt, denn nördlich der Stadt fließt die Oker deutlich schneller – und wird so klar, dass man den Sandboden darunter sehen kann. Eine Tagestour mit dem Kanu, die auch für Einsteigerinnen und Einsteiger geeignet ist, führt von Rothemühle, nordwestlich von Braunschweig, bis Seershausen. Das sind 23 Kilometer, für die man rund 5 Stunden braucht – mit Picknick entsprechend länger. Das dortige Ufer darf man zwar aus Naturschutzgründen nicht betreten, dafür gibt es aber offizielle Picknickstellen bei Hillerse und bei Volkse und in Hillerse außerdem eine Badestelle. Also: Unbedingt Picknick und Badesachen einpacken. Letztere zieht man vielleicht auch deshalb an, weil man in Hillerse womöglich an der dortigen Stromschnelle scheitert. Ein bisschen Nervenkitzel gehört dazu. Tipp: In der Flussmitte kommt man gut durch.

● Bootstour auf der Oker, Verleih: OkerTour, Tel. (05 31) 2 70 27 24, www.okertour.de; Floßstation an der Oker, Tel. (05 31) 22 43 45-10, www.floss-station.de; Canadier-Touren, Tel. (05 31) 5 29 25, www.boots-touren.de

● ÖPNV: OkerTour: Straßenbahn 1, 2, 10, Bus 419, 420, 429, 461, 620, 730, Haltestelle John-F.-Kennedy-Platz; Floßstation an der Oker: Straßenbahn 3, Haltestelle Botanischer Garten

Knarzen, stampfen, rauschen

68 Das Mühlenmuseum in Gifhorn

Die hölzerne Schiffsmühle im Gifhorner Mühlenmuseum ist ein reizvoller Ort. Bei schönem Wetter reflektiert die Sonne das Wasser im Mühlensee und lässt kleine Lichter über das Holz der Mühle tanzen. Dank des Sees und des Flusses Ise, der ihn speist, wird man überall auf dem Gelände des Freilichtmuseums von Wasser begleitet. Angenehm entspannt flaniert man durch eine weitläufige, hügelige Landschaft, die 15 Hektar, also etwa 21 Fußballfelder groß ist, vorbei an gut einem Dutzend Mühlen. Zu den schönsten gehört die strahlend weiße griechische Windmühle neben dem Eingang. Sie steht inmitten von Aloe-Vera-Pflanzen und wird durch weiße Mäuerchen und ein türkisfarbenes Holztor gerahmt.

Ein paar Schritte weiter knarzt, stampft und rauscht es. Die Tiroler Wassermühle ist in Betrieb, das Wasser treibt das große Mühlrad an. Die Kälber, die nebenan auf der Weide stehen, lassen sich davon nicht stören und malmen weiter ihr Heu.

TIPP

Im Brot- oder Trachtenhaus werden täglich Brot und Kuchen frisch gebacken. Zuschauen erwünscht.

Wer sich von ihrem Appetit anstecken lässt, ist im Trachtenhaus gut aufgehoben: Man sitzt draußen am Wasser, unter ausladenden Linden und an Mahlrädern, die als Tische dienen. Auch Kindern wird hier nicht langweilig: In Sichtweite des Gartens gibt es verschiedene Spielgeräte aus Holz. Ein Junge versucht sich als Müller: Er pumpt Wasser aus einem Brunnen, lässt es über eine Holzrinne zu einem Wasserrad fließen und treibt dieses mit dem Wasser an. So verstehen schon die Kleinsten, wie eine Wassermühle funktioniert. Wollen sie oder ihre Eltern mehr über die Technik oder die Historie der Mühlen wissen, bietet sich das Ausstellungshaus an: Dort stehen 45 Modelle verschiedener Wind- und Wassermühlen, alle naturgetreu nachgebaut und großzügig auf 800 Quadratmeter verteilt. Man erfährt dort, dass Mühlen nicht nur zum Mahlen von Mehl oder zum Gewinnen von Öl genutzt wurden, sondern auch, um zum Beispiel Wasser aus dem Boden zu pumpen, Bretter zu sägen oder Naturfarben aus Farbhölzern wie der Roteiche zu gewinnen.

● Internationales Wind- und Wassermühlen-Museum, Bromer Straße 2, 38518 Gifhorn, Tel. (0 53 71) 5 54 66, www.muehlenmuseum.de
● ÖPNV: Bus 100, 170, Haltestelle Gifhorn Mühlenmuseum

Birchermüsli & DJ

69 Café und Bar Apotheke

Oft ist schon eine kleine Auszeit ein Geschenk: Man hält inne, beobachtet das Treiben um sich herum und lässt die Gedanken spazieren gehen. Dafür bietet sich ein Café in der Fußgängerzone an, ohne Autos und umgeben von schöner Architektur, zum Beispiel von altem Fachwerk. Das findet man in Braunschweigs Innenstadt zum Beispiel auf dem Kohlmarkt, oder, ein paar Schritte vom Dom entfernt, in der Apotheke.

Hat man einen der begehrten Plätze draußen ergattert, bestellt man am besten einen frisch gepressten Saft und ein Birchermüsli. Beides schmeckt hervorragend – und noch besser beim Blick auf die schicken Stiftsherrenhäuser direkt gegenüber. Das Fachwerkensemble steht unter Denkmalschutz und entstand um 1500. Wo damals die Geistlichen

TIPP

Erst Weihnachtsmarkt auf dem Burgplatz, dann weiterfeiern in der Apotheke.

des Doms lebten, tummeln sich heute die Schüler des Gymnasiums Kleine Burg: Sie essen in der dortigen Mensa zu Mittag oder leihen sich, eine Etage höher, Bücher aus. Hinter der schicken Fassade befindet sich ein kompletter Neubau, der Ende der 1970er-Jahre entstand. Wer von seinem Platz im Café weiter nach rechts blickt, sieht dagegen ein restauriertes Fachwerkhaus, das auch im Inneren noch echte, alte Holzbalkendecken aufweist.

Abends nimmt man von beidem nicht mehr viel wahr: In der Innenstadt gehen fast überall die Lichter aus. Nicht so in der Apotheke. Sie ist nicht nur ein Café, sondern auch eine Bar, in der man abends ein Glas Wein oder einen Drink bekommt. An einem der beiden letzten Samstage im Monat wird gefeiert: Die Tische werden zur Seite geräumt, ein DJ legt auf und es wird getanzt. Wer sich beim Tanzen eine Blase geholt hat, bekommt das nötige Pflaster am Montag nebenan in der Hof-Apotheke. Diese ist im gleichen Gebäude untergebracht und quasi Namensgeber des Cafés. Die beiden Apotheken verbindet nicht nur die Betreiberfamilie Borgmann, sondern auch der Braunschweiger Kräuterlikör Borgmann1772. Er wird aus einem alten Rezept der Hof-Apotheke hergestellt und in Braunschweiger und Berliner Bars ausgeschenkt.

● Die Apotheke, Restaurant, Café und Tagesbar, Schuhstraße 4, 38100 Braunschweig, Tel. (05 31) 61 80 92 30, www.apotheke-bar.com
● ÖPNV: Stadtbahn 1, 2, 3, 4, 10, Bus 411, 413, 416, 418, 420, 422, 423, 450, 480, 560, 620, 730, Haltestelle Rathaus

Bunte Blüten für alle

70 Die Bienenstadt Braunschweig und der Dowesee

Was Bienen glücklich macht, macht auch Menschen glücklich: bunte Blumen etwa, blühende Bäume oder begrünte Fassaden. So zieht das üppige Rosa des Zierpflaumenbaums am Dowesee im Frühjahr Bienen wie Menschen an. Sitzt man auf der hölzernen Rundbank, die um den Baumstamm führt, kann man wunderbar zusehen, wie die Bienen von einer Blüte zur nächsten fliegen. Dabei fällt der Alltag langsam ab und man kann sich entspannen. Der Baum steht hinter der Fläche für Freiluftschach, zwischen Blumen- und Gemüsebeeten. Hier lernen Schulkinder, wie Möhren, Rote Beete, Zwiebeln oder verschiedene Getreidearten aussehen – und Bienen finden Nahrung. Außer Futter brauchen Wildbienen zusätzlich einen Ort zum Nisten, je nach Art zum Beispiel in unversiegeltem Boden oder in einem Loch. Letzteres bietet die Wildbienenstele, die man sieht, wenn man von der Zierpflaume aus Richtung See blickt. Hier können verschiedene Arten ihre Eier im Holz oder in der Sand-Lehm-Mischung ablegen. Künftig soll es auch eine Trockenmauer aus Naturstein geben. Denn: Braunschweig wird Bienenstadt. Sie ist die erste (und hoffentlich nicht die letzte) Großstadt mit einem wissenschaftlich begleiteten Gesamtkonzept für Wildbienen. Ziel ist es, Nahrung und Nistmöglichkeiten aufeinander abzustimmen. Das ist wichtig, denn der Flugradius der Tiere ist in der Regel auf wenige Hundert Meter beschränkt – sie sollen den gedeckten Tisch vor der Haustür finden. Um zudem ihre genetische Vielfalt sicherzustellen, werden die neu angelegten Flächen so im Stadtgebiet verteilt, dass die Bienen jederzeit auch woanders hinfliegen können. Maßnahmen, um Wildbienen zu fördern, wie artenreiche Wiesen und bienenfreundliche Blühflächen, gibt es inzwischen in Braunschweig auf 100 Flächen. Insgesamt sind es 40 Hektar, das entspricht etwa 56 Fußballfeldern. Weitere Flächen werden folgen. Geplant ist zudem, dass Dächer begrünt und Bäume gepflanzt werden. Übrigens: Vor Stichen braucht man keine Angst zu haben, Wildbienen stechen fast nie.

TIPP

Vogelstimmenführungen, Naturmeditationen und Sonntagskonzerte am Dowesee: www.kulturunterglas.de.

● Schul- und Bürgergarten Dowesee, Doweseeweg 2, 38112 Braunschweig
www.bienenstadt-braunschweig.de
● ÖPNV: Straßenbahn 2, Haltestelle Burgundenplatz, 10 Minuten Fußweg;
Bus 416, 426, 436, Haltestelle Schuntersiedlung, 10 Minuten Fußweg

Seite für Seite Glück

71 Die Stadtbibliothek

Große, lichtdurchflutete Räume, einladende rote Sitzkissen zwischen den Bücherregalen – die Braunschweiger Stadtbibliothek ist ein Ort, an dem man sich gerne aufhält. Und das gilt für alle: für die Allerkleinsten, die mit ihren Eltern gemütlich auf dem roten Sofa durch die ersten Bilderbücher aus Pappe blättern, für die Kinder, die sich nach der Schule hier zum Kartenspielen treffen, für die Jugendlichen, die in den neuesten Fantasyroman abtauchen oder gemeinsam an einem Tisch lernen. Genauso gerne kommen die Erwachsenen her: Sie leihen sich vor dem Urlaub noch einen Reiseführer oder Roman aus, geben als Ehrenamtliche Deutschunterricht für Geflüchtete oder lesen morgens ihre Zeitung im Zeitschriftensaal. Hier findet jeder seinen Lieblingsplatz. Das funktioniert auch generationenübergreifend, wie beim monatlichen Spielenachmittag für Menschen im Rentenalter, zu dem in den Ferien auch die Enkelkinder willkommen sind. Bunt gemischt sitzen sie in einem eigenen Raum in kleinen Grüppchen am Tisch und spielen Rommé oder testen neue Gesellschaftsspiele. Dabei wird viel geredet und gelacht. Die Tür steht offen. Dank der großzügigen Räume – 7800 Quadratmeter verteilt auf vier Etagen – stört der Rummel hier niemanden. Auch Gespräche in normaler Lautstärke sind okay. Wer ganz in Ruhe arbeiten will, kann dafür den wissenschaftlichen Lesesaal im Nordflügel des zweiten Stocks nutzen. Insgesamt gibt es 650.000 Medien zum Ausleihen. Und zwar bei Weitem nicht nur Bücher, CDs und DVDs: Auch Musikliebhaber finden hier Noten für ihre Instrumente, Jugendliche bekommen Spiele für ihre Konsole und ärztliches Fachpersonal oder Rechtsbeistände suchen sich Bilder für ihr Wartezimmer.

Nicht alle Einheimischen haben sich gefreut, als vor mehr als zehn Jahren das Schloss fertig war – genau genommen eine rekonstruierte Schlossfassade mit einem Einkaufszentrum dahinter. Aber dass die Stadtbibliothek darin so schöne Räume bekommen hat, hat viele kritische Stimmen mit dem Neubau versöhnt.

TIPP

Pause während des Einkaufsbummels? Am besten mit einem Roman in einer ruhigen Ecke der Bücherei.

● Stadtbibliothek Braunschweig, Schlossplatz 2, 38100 Braunschweig, Tel. (05 31) 4 70 68 35, www.braunschweig.de/stadtbibliothek
● ÖPNV: Straßenbahn 4, 5, Haltestelle Georg-Eckert-Straße; Straßenbahn 1, 2, 3, 5, 10, Bus 420, 620, 730, Haltestelle Schloss

Verzauberte Bäume

72 ## Der Schlosspark Destedt

Eigentlich gelten für den Schlosspark Destedt feste Besuchszeiten, von 8 bis 20 Uhr. Der Grund: Der Park ist zwar öffentlich zugänglich, das angrenzende Schloss jedoch bewohnt. Es befindet sich im Privatbesitz der Familie von Veltheim. Es ist ein paar Jahre her, als das Telefon von Friedrich von Veltheim klingelte und ein Anrufer bat, noch am späten Abend den Park besuchen zu dürfen. Er durfte. Der Anrufer zündete Kerzen an und öffnete eine Flasche Champagner – auf dem Pflaumenberg, oberhalb einer kleinen Grotte. Früher, als die umstehenden Bäume noch kleiner waren, reichte der Blick von dort bis zum Brocken. Auf diesem Berg, umgeben von Grün, machte er seiner Freundin einen Heiratsantrag.

Die beiden sind nicht die Einzigen, die sich im Schlosspark ewige Treue versprechen: Das dortige Palmenhaus ist sogar eine offizielle Außenstelle des Cremlinger Standesamts. Es wurde 1865 gebaut und besticht durch seine filigranen, weiß gerahmten Fenster. Auf dem Giebel ist das Wappen der Familie von Veltheim angebracht. Diese legte den Park ab 1765 an – er war damit einer der ersten englischen Landschaftsparks in Deutschland, entstanden sogar noch vor dem Braunschweiger Richmond-Park.

Auf 6,5 Hektar Fläche – etwa neun Fußballfelder – sind rund 140 verschiedene Arten von Bäumen und Sträuchern zu sehen, viele wurden eigens aus Nordamerika eingeführt. Um bis zu den Wipfeln zu sehen, muss man den Kopf weit in den Nacken legen. Die Bäume hatten viel Zeit, um so groß zu werden.

Zum Park führt eine prächtige Lindenallee, an deren Rand man auch parken kann. An ihrem Ende befinden sich auf der linken Seite ein Teich und eine weiße Brücke, die direkt hineinführt in diese märchenhafte, mystische Welt: Viele Bäume sind mit Efeu bewachsen oder von grünen Flechten überzogen, manche in sich verdreht. Am Ende verläuft der Weg parallel zu den Familiengräbern am Schloss. Der Zugang ist gesperrt, von der Ferne kann man Kreuze und zugewachsene Gräber erkennen. Der Park wirkt wie verzaubert, wie aus einer anderen Welt.

TIPP
Kaffee und selbst gebackener Kuchen im Abbenroder Mühlencafé, Mühlenweg 6, Cremlingen.

· Schlosspark Destedt, An der Oberburg 5, 38162 Cremlingen, Tel. (0 53 06) 7 01
www.schloss-destedt.de
· ÖPNV: Bus 430, Haltestelle Destedt Kalkofenweg

Mehr Grün fürs Zuhause

73 Gärtnerei Volk und Café Flora

Zimmerpflanzen galten jahrelang als spießig. Inzwischen sind sie in angesagten Interior-Blogs zur unverzichtbaren Deko aufgestiegen: hübsch arrangiert auf unterschiedlich hohen Hockern oder antiken Tischen, die Töpfe in Farben und Formen aufeinander abgestimmt.

Das Zuhause muss ja nicht gleich zum Großstadtdschungel werden, aber etwas mehr Grün wäre nicht schlecht. Es sorgt für gute Laune und gute Luft. Der erste Schritt könnte ein Besuch der Gärtnerei Volk sein. Trotz der versteckten Lage in einer Seitenstraße ist hier schon vormittags ordentlich was los. Die Wahl fällt auf zwei kleine Sukkulenten, das sind Kakteen ohne Stacheln, wie die nette Mitarbeiterin erklärt. Sie empfiehlt, diese wenig zu gießen, und kümmert sich um Kakteenerde und etwas Kies als Drainage. Sukkulenten sehen nicht nur hübsch aus, sie sind auch – genau wie Luftpflanzen – ideal für alle, die an ihrem grünen Daumen noch feilen. Vielleicht sind diese Arten deshalb so gefragt. Luftpflanzen wachsen ohne Erde, sie brauchen keinen Topf. Man kann sie nach Lust und Laune zum Beispiel in Terrarien oder Glaskugeln platzieren oder man wird kreativ, umwickelt einen Stein mit Draht, führt den Draht ein Stück nach oben und formt ihn dort zu einem Ring, der die Luftpflanze trägt. Schön leicht und luftig sieht das aus. Man muss nur daran denken, die Pflanze regelmäßig mit Wasser zu besprühen.

TIPP

Curry- oder Olivenkraut, Rosmarin oder Oregano – wer gern kocht, findet hier Kräuter für den Balkon.

Beliebt sind auch Grünpflanzen wie Einblatt oder Grünlilie. Die Grünpflanzenabteilung der Gärtnerei ist ohnehin ein schönes Ziel: Dort befindet sich mitten im Gewächshaus das Café Flora, das von der Lebenshilfe betrieben wird. Wer sich noch nicht entschieden hat, kann hier bei Kaffee und selbst gebackenem Kuchen darüber nachsinnen, welche Pflanze es denn sein soll. Man sitzt auf schicken weißen Stühlen, vor sich einen weißen Tisch mit frischen Blumen und nur ein paar Schritte entfernt Kentiapalmen, Drachenbäume, Farne oder Orchideen. Selbst in der dunklen Jahreszeit ist man hier umgeben von Grün.

....

● Gärtnerei Volk, Hasenwinkel 1, 38114 Braunschweig, Tel. (05 31) 23 44 78 80
www.gaertnereivolk.de
● ÖPNV: Straßenbahn 1, 2, 10, Bus 419, 426, 429, 433, Haltestelle Hamburger Straße

Singen statt reden

74 Klostergarten und Klosterkirche Riddagshausen

Der perfekte Feierabend im Sommer sieht so aus: Man fährt mit dem Fahrrad zur Klosterkirche Riddagshausen und geht an den alten Mauern der Kirche vorbei zum rückwärtigen Teil des Gebäudes. Hier befindet sich der 2004 angelegte Klostergarten, eingehegt von einer 1,6 Kilometer langen Steinmauer – einem der schönsten Plätze, die es in Braunschweig gibt. Sitzt man auf einer der Bänke, den Rücken angelehnt an die warme Mauer, scheint einem die Abendsonne ins Gesicht. Vor sich sieht man einen typischen Klostergarten mit regional gezüchteten, alten Sorten: eine Obstwiese mit Apfelbäumen, Birnen, Quitten und Mispeln und bepflanzte Hochbeete mit Gemüse und Kräutern. Das Schönste: Der Klostergarten ist täglich kostenlos für Besucher zugänglich. Ganz nach dem Wahlspruch der Zisterzienser: „Die Tür steht offen, das Herz noch mehr". Die Mönche des Zisterzienserordens waren es auch, die das Kloster 1145 gründeten. Von den Konventsgebäuden, in denen sie gelebt haben, und vom Kreuzgang sind heute nur noch Mauerspuren übrig. Die 1275 fertiggestellte Klosterkirche konnte dagegen gerettet werden. Das war nicht einfach: Das sehr schmale, hohe Gebäude wies Risse im Mauerwerk auf, deretwegen es sogar zeitweise gesperrt werden musste. Stützpfeiler waren nötig, um die Kirche zu stabilisieren. Seit 1975 steht sie dort, wie wir sie heute kennen: als eines der ältesten gotischen Bauwerke in Deutschland. Und die Klosterkirche hält noch einen Rekord: Sie hat den längsten Nachhall in Europa, bezogen auf das Raumvolumen. Bei tiefen Frequenzen kann er bis zu 14 Sekunden andauern, das haben Wissenschaftler der Physikalisch-Technischen Bundesanstalt gemessen. Es ist eine Herausforderung, in der Kirche so langsam zu sprechen, dass man verstanden wird. Sprechen war hier ursprünglich nicht vorgesehen: Zur Bauzeit der Klosterkirche gab es keine Predigten oder Lesungen. Es war üblich, alles zu singen. Ein idealer Ort, um die imposante und archaische Wirkung gregorianischer Gesänge zu erleben …

TIPP

Führung im Klostergarten mit Kaffee und Kuchen – von Mai bis September jeden ersten Sonntag im Monat.

● Klosterkirche Riddagshausen, Klostergang 57, 38104 Braunschweig, Tel. (05 31) 37 29 00, www.klosterkirche-riddagshausen.de
● ÖPNV: Bus 413, 418, Haltestelle Kreuzteich

Tofu & Vinyl

75

Jeder lebt in seiner eigenen Filterblase? Nicht im Riptide: Hierher kommt die Musikliebhaberin, die nach neuen Platten stöbert, genauso wie der Veganer, der einen Tofuburger bestellt. Der Krawattenträger trifft auf den Punk, die Schülerinnen und Schüler auf die Ü60-Besucher. Beim Livekonzert am Abend werden Tische verschoben und Plätze getauscht, bis sich alle wohlfühlen. Ein Hut wird herumgereicht und jeder wirft hinein, was er kann und will. Die Besucher sind so unkompliziert wie der Laden. Alles passt. Alles geht. Auf den Tischen sorgen bunte Designerlampen für Licht, die Wände sind weiß und dunkelrot gestrichen, in die Räume kommt viel Licht durch die großen Fenster. 2007 wurde es eröffnet, 2020 zog es ins Magniviertel um. Die beiden Gründer Christian Rank und André Giesler haben sich damit ihren Traum erfüllt. Einen Laden mit allem, was ihnen wichtig ist: Da ist zum einen die Musik. Chris wählt die Schallplatten aus. Er hat früher viel Zeit und Energie in sein eigenes Plattenlabel gesteckt und gilt als wandelndes Musiklexikon. Sein Motto: Von allem das Beste. Das kann Jazz sein, Elektro, Metal oder Folk. Alles auf Vinyl. Das funktioniert so gut, dass das Musikmagazin Rolling Stone das Riptide als innovativen Plattenladen empfohlen hat. Dann das Essen: Inspiriert von der Musik der Punkszene und seinem Einsatz für Tierrechte ernährt sich Chris seit Mitte der 1990er-Jahre vegan. Zu Anfangszeiten des Cafés war es nicht so einfach, die richtigen Produkten zu bekommen.

Limo, Ketchup und Marmelade sind hausgemacht. Auch die Lesungen oder Ausstellungen passen gut an diesen Ort, die Kreativen treffen sich von jeher gern im Riptide. Alles, was Chris hier macht, macht er mit Leidenschaft. Das merkt man und das macht das Riptide zu einem echten Wohlfühlort.

TIPP

Einblicke in den Mikrokosmos Riptide – jeden Monat neu im Blog auf der Website des Cafés.

● Cafe Riptide, Ölschlägern 14, 38100 Braunschweig, Tel. (05 31) 2 25 41 77, www.cafe-riptide.de
● ÖPNV: Straßenbahn 4, 5, Haltestelle Am Magnito

Ausflug in die Gründerzeit

76 Spaziergang Jasperallee und Bernerstraße

Rad fahren, das konnte man früher auch in der Wohnung. Zumindest, wenn man in der Jasperallee zu Hause war, wo auch mal drei Personen auf 400 Quadratmetern lebten. Die Prachtstraße ist wie ein Freiluftarchitekturmuseum: Hier findet man die am aufwendigsten gebauten Gründerzeithäuser der Stadt. Das mit dem Radfahren dürfte heute schwierig werden, da viele Wohnungen verkleinert wurden. Dafür lässt es sich hier gut flanieren. Am besten startet man an der Okerbrücke hinter dem Theater, wo auch die ersten Häuser entstanden.

Gebaut wurde die Jasperallee ab 1889 für reiche Unternehmer und adelige Hofbedienstete. Zur Zeit ihrer Entstehung war es üblich, auf historische Bauformen zurückzugreifen. Man orientierte sich an der Renaissance, am Klassizismus oder am Barock. Das Ergebnis sind üppige Verzierungen sowie prächtige Erker, Balkone und Eingangstreppen. Die Bewohner und Bewohnerinnen zeigten ihren Wohlstand. Insgesamt sollte die Straße offen und großzügig wirken, die Häuser durften deshalb maximal 15 Meter hoch gebaut werden – nur halb so breit wie die Straße. Dazwischen führt eine Promenade zwischen zwei Baumreihen entlang. Da die dortigen Ahornbäume auf Bauschutt standen und kränkelten, beschloss die Stadt jüngst, sie zu fällen, und als Ersatz Linden in richtiger Erde zu pflanzen – unter großem Protest der Anwohnenden, die an ihren Bäumen hingen.

Nach 1 Kilometer trifft man auf die Wilhelm-Bode-Straße. Von hier lohnt sich ein kurzer Abstecher in die Bernerstraße, ebenfalls eine feine Adresse. Die gut erhaltenen Häuser stehen als Gesamtkunstwerk unter Denkmalschutz. Sie wurden etwas später gebaut als die in der Jasperallee, ab 1904, und zeigen bereits deutliche Akzente des Jugendstils wie Bleiglasfenster und Verzierungen in Blüten- und Blätterform. In den 1920er-Jahren wohnte hier ein Studienrat des Gymnasiums Gaußschule. Mit der Trillerpfeife soll er das Kricketspiel seiner Klasse auf dem benachbarten Franzschen Feld geleitet haben – von seiner Veranda aus.

TIPP

Hunger bekommen? Vorzügliche Tapas gibt es in der Jokha-Bar, Heinrichstraße 26.

● Spaziergang Jasperallee, Start an der Okerbrücke
● ÖPNV: Bus 411, 416, 418, 422, 423, Haltestelle Kasernenstraße

Wie ein Tag am Meer

77 Der Tankumsee

Was braucht man eigentlich, damit sich ein ganz normaler Tag wie Urlaub anfühlt? Wasser zum Baden und Eis wären schon mal gut, ein Strand dazu wäre perfekt. Ostsee? Zu weit für einen Tag. Macht nichts: Wasser und Sandstrand gibt es auch vor der Haustür: am Tankumsee. Wer will, kann sogar hinradeln. Der Strand ist 1 Kilometer lang, für kleine Kinder gibt es eigens einen flachen Bereich. Platz ist also genügend da. Man kann auch auf einer Wiese unter Bäumen liegen. Der Tankumsee selbst ist 800 x 1200 Meter groß und stellenweise bis zu 18 Meter tief. Das Tolle an ihm ist sein sauberes und bis in den Spätsommer hinein erfrischendes Wasser. Bei Kontrollen bekommt er regelmäßig die besten Bewertungen. Wie schafft er das? Der See entstand 1972. Er wurde für den Damm des nebenan verlaufenden Elbe-Seitenkanals ausgebaggert. Das saubere Wasser verdankt er drei natürlichen Quellen, die ihn mit frischem Grundwasser speisen. Gute Schwimmerinnen und Schwimmer können den Tankumsee einmal durchqueren. Sie werden merken, dass das Wasser in der Mitte spürbar kühler wird. Der Sandboden ist in der Gegend ursprünglich vorhanden. Er kam beim Baggern unter der Torfschicht und dem Grundwasser zum Vorschein.

Am Tankumsee kann man einen herrlich faulen Sommertag mit Baden, Lesen und Eisessen verbringen. Wer lieber aktiv wird, hat viele Möglichkeiten: die Riesenrutsche ausprobieren, sich beim Volleyball die Bälle zupritschen, beim Stand-Up-Paddling über den See gleiten oder eine Runde Minigolf spielen. An Abwechslung mangelt es nicht. Am liebsten würde man einfach am See bleiben. Warum eigentlich nicht? Den Hunger stillt man am besten, indem man in einem der drei überdachten Pavillons grillt (anmelden, 3 Euro pro Person). Wenn man so richtig satt und glücklich ist und immer noch nicht nach Hause fahren möchte, kann man auch am Tankumsee übernachten: auf dem Campingplatz, im Ferienhaus oder im Seehotel mit Blick aufs Wasser.

TIPP

Den schönsten Blick auf den Sonnenuntergang hat man von einer der Bänke östlich des Sees, am Kanal.

● Tankumsee, Dannenbütteler Weg 12, 38550 Isenbüttel, Tel. (0 53 74) 16 65
www.tankumsee.de
● ÖPNV: Bus 183, Haltestelle Isenbüttel, Tankumsee Seehotel

Selbst gebackene Scones

78

Das Café Fräulein Wunder

Im Café Fräulein Wunder gibt es das beste Frühstück in Braunschweig. Die frischen Bagels, Vollkornkrusties und Scones werden von Inhaberin Linda Grimm und ihrer Mutter selbst gebacken, ebenso die Waffeln, Crêpes und Pancakes. Das Mehl dafür stammt aus der Rüninger Mühle in Braunschweig. Tipp: Am besten probiert man von allem etwas, zum Beispiel beim großen Frühstück. Neben Butter, Wurst, Käse und Konfitüre gibt es zwei Backwaren nach Wahl sowie eine Scheibe Vollkornbrot, zwei Pancakes mit Ahornsirup, Kräuterquark, 1 Bio-Ei, Feigensenf, frischen Obstsalat, Nüsse und ein kleines Glas Orangensaft. Okay, das Mittagessen kann man danach ausfallen lassen …

Das Café ist mitten in einem Wohngebiet versteckt, umgeben von schicken Altbauten und nicht weit von der Uni. Obwohl man hier nicht zufällig vorbeikommt, ist im Fräulein Wunder immer etwas los. Vor allem für Freitag, Samstag und Sonntag reserviert man besser Wochen im Voraus. Hat man einen der beliebten Plätze unter weißen und bunten Lampions ergattert, wird man aufmerksam und liebevoll umsorgt. Besonders schön sitzt man im Wintergarten. Hier setzt das Tageslicht die hübschen Tischaufsteller in Szene, auf denen die Silhouette einer Frau abgebildet ist. Voilà, das ist Inhaberin Linda. Ihr Schattenriss gehört zum Logo des Cafés, das wiederum prima zu dessen Namen passt: Fräuleinwunder, so haben die Amerikaner in der Nachkriegszeit die jungen Frauen in Deutschland bezeichnet und meinten damit: lebenstüchtig, attraktiv, modern, selbstbewusst und energiegeladen. Die Beschreibung passt auch zu Linda. Zum Beispiel, wenn sie lachend erzählt und zeigt, wo sie nach den ersten Tagen im Service überall Muskelkater hatte. Als Selbstständige müsse man Entspannung in der Sache finden, hat ihr mal jemand geraten. Seitdem macht sie das, nimmt sich beim Einkaufen Zeit für einen Plausch mit der Verkäuferin oder hört beim Backen Musik. Das macht glücklich und sorgt für Lebensfreude – und von der lässt man sich als Besuch gerne anstecken.

TIPP

Indie-Rock, Country, Funk – im Fräulein Wunder gibt es auch regelmäßig besondere Konzerte.

● Café Fräulein Wunder, Ratsbleiche 1, 38114 Braunschweig, Tel. (05 31) 61 73 35 63
www.cafe-fraeuleinwunder.de
● ÖPNV: Bus 419, 426, 429, 433, Haltestelle Maschplatz

Das Info-Karussell steht

79

Der Japangarten im Kunstmuseum Wolfsburg

Jede Sekunde strömen Millionen von Informationen auf uns ein. Viel mehr, als wir jemals verarbeiten können. Unser Gehirn wählt deshalb aus. Und nur, was uns wirklich wichtig ist, worauf wir uns fokussieren und was uns berührt, bekommt einen der wertvollen Plätze in unserem Langzeitgedächtnis. Das gilt auch für Kunst. Sie braucht Zeit und Raum, um ihre Wirkung in unserem Inneren zu entfalten. Das geht am besten an einem Ort, an dem wir zur Ruhe kommen, an dem das Informationskarussell eine Weile stillsteht. So ein Ort ist der Japangarten im Kunstmuseum Wolfsburg. Der 16 x 32 Meter große Innenhof ist mit Kies bedeckt und von frei stehenden Betonwänden und meterhohem Bambus umgeben. Es ist ein Ort der Stille und der Meditation, der allen Menschen, unabhängig von einem Museumsbesuch, offen

TIPP

Becher in Pantonefarben, Sonnenbrillen, Kunstbände – der Museumsshop hält schöne Geschenke bereit.

steht. Wer ein paar Schritte links vom Eingang beim Schild *Kunstmuseum* klingelt, kann um Einlass in den Japangarten bitten. Museumsbesucher gelangen von der Haupthalle dorthin. Das Museum wurde 1994 eröffnet und zeigt junge und internationale Kunst. Zu den wichtigsten Ausstellungen gehörten die der Briten Gilbert & George und des Belgiers Hans Op de Beeck. Letzterer installierte im Kunstmuseum eine nächtliche Stadt, in die die Besucher eintauchen konnten.

Eintauchen oder vielmehr abtauchen kann man auch hier, obwohl die Fußgängerzone der Stadt mit ihren vielen Menschen und Geschäften nur wenige Meter entfernt ist. Im Japangarten hört man das Stadtleben nur sehr gedämpft. Man geht über die Holzplanken, setzt sich auf eine überdachte Bank aus Beton und Holz und blickt – ja, wohin eigentlich? Es gibt nicht viel, was das Auge ablenkt: einen Ahornbusch, dessen Blätter sich im Herbst rot färben, einen großen Kalkstein, umgeben von flachem immergrünem Wacholder. Der Japangarten ist ein Ort des Reduzierten, der Ruhe und der einfachen, klaren Ästhetik. Hier kommen die Sinne und der Geist zur Ruhe.

● Kunstmuseum Wolfsburg, Hollerplatz 1, 38440 Wolfsburg, Tel. (0 53 61) 2 66 90
www.kunstmuseum-wolfsburg.de
● ÖPNV: Bus 201, 202, 203, 204, 213, 215, 216, 218, 230, Haltestelle Wolfsburg
Kunstmuseum

Drinks auf dem Sonnendeck

80

Soldekk-Bar mit Blick über die Stadt

Ein perfekter Ausklang für einen perfekten Tag: Mit einem Frozen Daiquiri im Glas und gemeinsam mit den besten Freunden ist man hier dem Himmel ein Stück näher. 78 Stufen führen mitten in der Innenstadt hoch ins Soldekk, die norwegische Bezeichnung für Sonnendeck. Hier in der fünften Etage des Parkhauses feiern die Besucher die warme Jahreszeit – unter freiem Himmel und auf Augenhöhe mit den Braunschweiger Kirchturmspitzen.

Und wenn man hier so sitzt, inmitten des angenehm zurückgenommenen skandinavischen Ambientes mit viel Holz und weißer Farbe, wenn man sich auf den Liegestuhl fläzt und dabei die nackten Füße in den Sand gräbt, wenn man dabei noch in den Himmel guckt, spätestens dann ist es da: das Gefühl von Freiheit. Mitten in einer urbanen Welt und trotzdem mit freiem Blick über den Horizont. Und selbst wenn man es sich auf einem der Loungesessel bequem gemacht hat, mit büroschuhfreundlich festem Holzboden unter den Füßen, selbst dann spürt man die Weite, die einen umgibt. Dazu passt die großzügige Anlage des Sonnendecks. Auf 1400 Quadratmetern kommt sich niemand in die Quere, der das nicht will. Hier findet jeder sein Glück: das kleine Kind, das selbstvergessen mit der Schaufel im Sand gräbt, die Businessfrau, die noch in ihren Unterlagen liest, während sie ihren Cappuccino trinkt, und der Student, der beim Bier mit Freunden den Abend genießt. Der Sommer dauert auf dem Sonnendeck von Anfang Mai bis Ende September. Nun soll es ja in Deutschland auch in der warmen Jahreszeit gelegentlich mal regnen. Aber einem echten Skandinavier, wie dem Soldekk, macht das nichts: Die Besucher sitzen unter großen Schirmen im Trockenen, der Weg zur Bar ist überdacht. Vielleicht noch ein Sour Drink? Er wird mit Gin oder Whiskey zubereitet, dazu kommen frisch gepresster Zitronensaft, etwas Zucker und Eiweiß. Es ist alles bereit für eine lange skandinavische Nacht in Braunschweig.

TIPP

Kirchen und mehr, sichtbar von der Aussichtsplattform des Soldekks, erklärt die App Entdecke Braunschweig.

● Soldekk, Steinstraße 2, 38100 Braunschweig, Tel. (05 31) 38 72 49 14
www.soldekk.de
● ÖPNV: Bus 411, 413, 416, 418, 422, 423, 450, 480, 560, Haltestelle Altstadtmarkt

Bibliografische Informationen der Deutschen Nationalbibliothek
Die Deutsche Nationalbibliothek verzeichnet diese Publikation in der Deutschen Nationalbibliografie; detaillierte bibliografische Daten sind im Internet über http://dnb.d-nb.de abrufbar.

© 2019 Droste Verlag GmbH, Düsseldorf
3. Auflage 2022
Konzeption/Satz: Droste Verlag, Düsseldorf
Einbandgestaltung und Illustrationen: Britta Rungwerth, Düsseldorf, unter Verwendung von Bildern von
© Fotolia.com: jd – photodesign.de; © iStock: Plociennik Robert
Fotos: Monika Herbst, außer:
S. 11: HAUM, Claus Cordes; S. 13: MehrwerkgGmbH – Olaf Redlin; S. 15: Hidden in Braunschweig; S. 17: Verena Meier, www.verena-meier.de; S. 29: Filmfest, Marek Kruszewski; S. 49: Südheide Gifhorn GmbH – Jörn Pache; S. 53: Björn Hickmann, stage picture; S. 63: NY-Lions, Rolf Dans; S. 77: SBK-Archiv, A. Greiner-Napp; 117: Herzog August Bibliothek; S. 123: Jennifer Wirth; S. 135: Roberta Bergmann, www.robertabergmann.de; S. 137: Freunde des Botanischen Gartens e. V., Klaus-Peter Schleicher

MIX
Papier aus verantwor-
tungsvollen Quellen
FSC® C011279

Druck und Bindung: LUC GmbH, Greven
ISBN 978-3-7700-2148-2

www.droste-verlag.de